하늘 보좌를 향하여

극동방송 희망칼럼
하늘 보좌를 향하여

초판 발행   2016년 3월 15일

지은이   한양훈

펴낸이   한뿌리

펴낸곳   有하

등록   2014년 4월 24일 제 2016-000004호

주소   서울 강서구 방화대로 44길 49

전화   02-2663-5258

팩스   02-2064-0777

값 12,000원

ISBN 979-11-85927-09-1   03230

* 이 책의 저작권은 유하출판사에 있습니다.

극동방송 희망칼럼

하늘 보좌를 향하여

한양훈 지음

머리말

 이 책은 2015년 한 해 동안 극동방송에서 '희망칼럼'이라는 제목으로 방송한 내용을 엮은 것이다. 짧은 생각들이지만 독자와 함께 나누고 싶어 약간의 손질을 더해 책으로 펴냈다. 나는 하늘나라를 바라보고 이 세상을 살아가는 성도의 자세와 모습이 어떠해야 하는지를 알려주고 싶었다. 독자들의 신앙생활에 작게나마 도움이 되기를 기도한다.

 원고를 정리하고 이 책을 편집해준 이소진 자매에게 감사드린다.

2016. 3. 1.
서울 방화동에서 한양훈 목사

차
례

머리말 5

1부 주님과 교제하는 삶

주님과 함께	11
축복이란	15
주님께 여쭙는 삶	19
주님과 친밀함을 나누자	23
분주함	27
내려놓음이 필요하다	31
회개 기도	35
겉사람과 속사람	39
믿음이 중요하다	43
주님을 깊이 알자	47

2부 변화되어야 할 나의 모습

겸손의 힘	53
혈기분노	57
진실한 말	61

기쁘게 살자	65
축하합니다	69
하나님께 맡기라	73
감사하는 삶	77
세상과 벗하지 말라	81
부지런함	85
주님을 신뢰하는 자	89
거룩한 두려움	93
풍성함	97
욕심을 버리자	101
기다림	105
말을 아끼자	109
의인의 간구	113

3부 그리스도인으로서의 능력 회복

하나 되기	119
건강하게 삽시다	123
상처를 이기자	127
전신갑주를 입자	131
은사를 받자	135
은사는 하나님의 성품이다	139
주님을 닮는다는 것	143
영적 성장	147
영적 전투	151

시련을 이김 155
삶의 길, 그 여러 모습 159

4부 몸 된 교회에 충성함

중보기도 165
사람이 귀하다 169
상 받는 믿음 173
살 때와 죽을 때 177
좋은 것과 오염된 것 181
개선문 185
알곡과 낙엽 189
예배는 귀하다 193
성경을 가까이 197

5부 하나님 나라를 바라봄

중매쟁이 203
갈등과 친교 207
마지막 목표 211
신성한 성품 215
이 땅에서 누리는 천국생활 219
오늘이 우리 인생의 마지막 날이다 223

1부 * 주님과 교제하는 삶

주님과 함께

새해가 시작되었습니다. 이렇게 맞이하고 흘려보내는 한 해 한 해는 우리 인생에서 더없이 소중합니다. 하나님은 그분의 은혜로 한 해를 보내고 다시 한 해를 이 땅에서 살아보라고 우리에게 삶의 기회를 주셨습니다. 성도 된 우리의 삶은 결코 공허하거나 의미 없는 것이 아닙니다. 하나님 앞에서 정말 귀한 시간입니다.

이 땅에 사는 동안 주님이 원하시고 명령하신 대로 산다면 주님은 큰 은혜를 주시는데, 그것은 이 땅에서뿐만 아니라 하늘에 가서도 주어집니다. 진정한 그리스도의 자녀요 성도라고 한다면 주님 말씀을 붙들고 하루하루를 살아야 합니다. 주님은 바로 그러한 삶을 원하십니다.

주님 말씀대로 산다면 주님이 약속하신 복 이전에 더 큰 은혜가 있습니다. 바로 주님과 동행하는 삶입니다. 주님과 동행하는 삶을 살 때에야 영적인 만족함을 누리고 삶의 만족을 맛볼 수 있습니다. 우리가 그토록 갈망하는 열매 맺는 삶이 될 수 있습니다. 주님과 동행하는 삶이란 어떤 삶일까요? 그것은 주님 생각과 내 생각이 같고, 주님 발걸음에 내 발걸음을 일치시키는 삶입니다.

며칠 전 서울의 어느 신학대학원 교수로 계시는 목사님이 핸드폰 문자로 그림을 보내주셨습니다. 한 길을 향하여 여러 걸음을 걸어간 발자국 그림이었습니다. 저는 그 그림을 보면서 이 발자국은 주님의 것이고, 저는 그 발자국에 제 발자국을 일치시켜서 주님을 따라 걸어야겠다고 생각했습니다.

주님은 우리 각자에게 걸어야 할 발자국을 보여주십니다. 그 주님 발자국에 우리의 발자국을 일치시키는 것, 이것이 주님과 동행하는 삶이라고 할 수 있습니다. 우리는 주님 발자국을 눈앞에 떠올리면서 자기 삶의 발자국을 살펴보아야 합니다.

우리는 언제나 면밀히 살펴야 합니다. 주님 발자국과 내 발자국을 일치시켰는가, 아니면 주님이 걸어가신 방향은 맞지만 주님 발자국에 내 발자국이 살짝 걸쳐만 있는 것은 아닌가, 아니면 아예 주님 발자국과 내 발자국에 일치된 것이 하나도 없지는 않은가. 어쩌면 더 심각한 경우가 있을지도 모르겠습니다. 주님과 정반대되는 방향으로 걸어가는 것입니다.

만일 자신이 잘못 가고 있다는 것을 안다면 회개할 기회가 있으니 다행이지만, 엉뚱한 길을 가고 있으면서도 자신이 주님 뜻대로 잘 하고 있다고 생각하는 사람이 있다면 심각히 여겨야 할 문제입니다. 그런 사람은 자기 인생을 망치는 것뿐 아니라 섬기는 교회에도 큰 타격을 줄 수 있습니다. 주님이 원하시지 않는 길을 갈 경우 주님이 축복하시지 않을 뿐더러 사탄이 공격하기 때문입니다. 결국 그 사람으로 인해 그가 속한 공동체가 고난을 당할 수도 있습니다. 주님은 말씀대로 살지 않는 사람을 보호하시거나 지켜주시지 않습니다. 주님과 호흡을 맞추지 못하는 것이 이렇게 엄청난 위험을 초래하는 일인데도 놀랍게도 우리 주변에는 덤벙거리며 인생을 사는 사람이 너무나 많습니다. 그리고 그 부작용으로 인한 고통을 호소하는 사람도 너무나 많습니다.

    올 한 해를 사는 동안 주님께 늘 여쭈어보고 그분 뜻대로 삽시다. 그래서 승리하는 삶을 살면 좋겠습니다. 당신의 발걸음을 날마다 점검하십시오.

축복이란

저는 목회하는 동안 인생에 대해 많은 생각을 할 수 있는 기회를 가졌습니다. 그 생각 가운데 아쉽게 남는 것 하나는 우리 인생이 너무 초라하다는 것입니다. 어려서부터 평안과 행복을 누리지 못하고, 다른 사람들과 경쟁하는 것뿐 아니라 싸우고 미워하며 심한 경우 다른 사람을 죽이기까지 합니다. 이런 식으로 수없이 많은 사람이 희생됩니다. 또한 육체의 질병에 시달리고 정신적 고통을 겪습니다. 그뿐 아니라 극한 가난에 시달리며 궁핍하게 사는 사람이 많은데, 특히 아프리카를 비롯한 제삼국을 보면 그 정도가 너무 심하여 마음이 쓰립니다.

물질을 얻으려고 남을 속이고 부정을 저지르며 탐욕에 빠진 사람은 인간성을 상실한 초라한 모습 그 자체입니다. 주변을 둘러보면 정치가는 정치가대로, 경제인은 경제인대로 주변에 아름다운 모습을 보여주지 못하는 경우가 너무 많습니다. 심지어 하나님을 믿는 성도들도 이 대열에 합류하여 가정과 교회를 혼탁함 속에 빠뜨리는 모습을 보면 울고 싶기까지 합니다.

우리 인간은 하나님의 형상을 따라 만들어졌습니다. 세상에서 가장 큰 복을 받은 것입니다. 하나님을 닮았으니 하나님처럼 생각하고, 하나님처럼 행동하며, 하나님처럼 권세와 능력이 있어야 정상입니다. 하나님과 한 집안 식구로서 먹고 마시며 교제하고 살아야 합니다. 우리 인생끼리도 서로 화목하게 살아야 합니다. 하나님은 그렇게 하시려고 우리 인생을 창조하셨는데, 우리가 보고 아는 대로 우리 인생들은 그 목적에서 멀어져 망가지고 초라해졌습니다.

아무리 생각해보아도 나 자신이나 우리 주변 인생들이 하나님의 축복을 온전히 받고 산다고 자신 있게 말할 수 없게 되었습니다. 우리 인생은 정말 초라합니다. 슬픈 일입니다.

저는 성경을 읽으며 이 모든 부끄러운 모습에서 벗어나는 방법이 무엇일지 생각해보았는데 그 답은 아주 명쾌했습니다. 그것은 다시 하나님께 가까이 나아가는 것입니다. 하나님께 나아가 그분의 말씀을 듣고 그분의 지도를 따르며 그분이 주시는 영적 은혜, 육적 은혜를 받는 것입니다.

하나님은 권세와 능력이 있으셔서 그분의 품 안에 들어가기만 한다면 우리의 인간성이 회복될 수 있습니다. 성경을 보면 하나님과 깊이 사귀면서 하나님이 주시는 축복을 누리며 살다간 사람이 나옵니다. 지난 몇 천 년 동안의 교회사를 보더라도 하나님 보좌 앞에 가까이 나아가 영적, 물질적 복을 누리고, 건강과 사역에 복을 받은 사람들이 많이 있습니다. 그들은 하나님과 가까이하는 것만이 인간답게 살고 축복을 누리며 살 수 있는 길임을 발견하고, 하나님을 향하여 과감하게 달려간 사람들입니다. 그들은 이 땅에서 하나님의 사랑과 은혜를 받은 것뿐 아니라, 하늘나라에서도 큰 상급을 받는 존귀한 자가 되었습니다.

제가 목회를 하며 아쉬운 점이 있다면 오늘날 하나님을 믿는 성도들이 하나님께 과감하게 나아가지 못하고 주저하는 것입니다. 그것은 아마도 하나님을 믿는 믿음이 약해서일 것이고, 복잡한 이 세상에서 해야 할 일이 너무 많아서인 것 같습니다. 자신이 세상과 많은 관계를 맺고 여기에서 잘 해야 복된 삶을 살 수 있을 것이라고 생각하기 때문일 것입니다.

그러나 인생의 복은 하나님이 주십니다. 우리 자신이 하나님의 형상을 회복할 때에야 비로소 하나님의 축복이 우리에게 임합니다. 주님의 보좌 앞으로 가까이 나아갑시다.

주님께 여쭙는 삶

　다윗은 어떤 일이든지 언제나 하나님께 여쭈었습니다. 한 나라의 왕이었고, 당시로서는 적은 나이가 아닌 서른이 넘었음에도 하나님께 어떻게 했으면 좋은지 늘 여쭈었습니다.

　사무엘하 5장 17절 이하를 보면 이스라엘 사람들이 다윗에게 기름을 붓고 왕으로 삼았습니다. 이때 많은 블레셋 사람이 다윗을 찾으려고 이스라엘로 올라왔습니다. 이 모습을 본 다윗은 싸움을 준비하기 위해 요새로 갔습니다. 그러나 블레셋 사람들이 이미 다윗의 코앞까지 온 위급한 상황이었습니다. 무언가 긴급한 조치가 필요했습니다. 이런 경우 군사적으로는 선제공격이 중요합니다. 여러 장수를 불러 모아 작전을 세울 수도 있습니다. 그런데 다윗은 이 긴박한 순간에 여호와 하나님께 여쭈었습니다. "내가 블레셋 사람에게로 올라가리이까." 이때 여호와 하나님이 다윗에게 말씀하시기를 "올라가라 내가 반드시 블레셋 사람을 네 손에 넘기리라"고 하셨습니다. 이것은 우리에게 다윗이 하나님을 전적으로 신뢰하고 하나님께 자신을 맡긴 사람인 것을 명확하게 보여줍니다.

다윗은 어떻게 그런 믿음을 소유할 수 있었을까요? 첫째, 다윗이 하나님과 대화하는 사람이었기 때문입니다. 하나님과 인간이 서로 뜻을 주고받은 것입니다. 참 신자는 하나님과 깊은 영적 대화를 나눌 수 있어야 합니다. 자기 뜻만 일방적으로 하나님께 전달하는 것은 기도가 아닙니다. 참 기도는 하나님과 대화하는 것입니다.

둘째, 다윗은 중대한 일을 두고 하나님께 여쭙는 사람이었기 때문입니다. 사람은 나이에 따라, 건강 상태에 따라, 사회적 위치에 따라, 또한 남녀에 따라 생각이 다를 수 있습니다. 그리고 대개 자기 생각대로 행동합니다. 그러나 자기 생각보다 중요한 것은 하나님의 뜻을 아는 것입니다. 어떤 일을 결정할 때 자기 경험이나 지식만 앞세우는 것은 옳지 않습니다. 하나님의 뜻을 여쭙지 않고 자기 마음대로 길을 가면 하나님이 돕지 않으실 뿐만 아니라 사탄의 공격을 받습니다.

셋째, 다윗은 순종의 사람이었기 때문입니다. 다윗은 하나님께 여쭈어보고 하나님이 블레셋에 쳐들어가라고 하시니 그대로 순종했습니다. 하나님께 여쭙고 그 뜻을 알고서도 순종하지 않고 자기 마음대로 하는 사람도 있습니다. 그것은 참 성도의 태도가 아닙니다. 여쭙고도 순종하지 않거나, 여쭙지 않고 마음대로 가다가 큰 난관에 빠지거나 망하는 경우가 많습니다. 하나님은 다윗에게 분명히 대답해주셨습니다. 아무 응답이 없으시거나 "네 마음대로 하거라"고 하시지 않고 해야 할 일을 분명히 가르쳐주셨습니다.

하나님은 믿음의 사람, 하나님의 마음에 합한 자를 공격하려는 블레셋을 징벌하셨습니다. 그들이 하나님의 사람에게 대항한 것은 하나님께 대항한 것입니다. 하나님께 그리고 다윗에게 대항한 그들은 우상숭배자들이었습니다. 그들이 도망간 후 보니 우상이 여기저기 흩어져 있었습니다. 다윗은 우상을 쓰레기 치우듯 청소했습니다. 다윗이 하나님께 여쭈어보고 전투에 임한 것은 정말 잘한 행동이었습니다.

    우리는 이 땅에서 사는 날 동안 주님께 겸손히 기도해야 합니다. 주님께 여쭙고 주님이 응답하시는 말씀을 들어야 합니다. 이것이 진실한 신앙입니다. 주님께 여쭙고 순종하여 승리하는 한 해를 사시길 기대합니다.

주님과 친밀함을 나누자

성도의 소망 가운데 하나는 하나님과 친밀해지는 것입니다. 성경에 나오는 위대한 인물들을 보면 그들은 모두 하나님과 친밀했습니다.

사무엘상 3장을 보면 하나님은 당시 제사장이었던 엘리 대제사장에게 직접 나타나셔서 말씀하시지 않았습니다. 하나님은 언제부터인가 자취를 감추셨습니다. 그런데 하나님은 어느 날 회막에서 자고 있던 어린 사무엘에게 나타나셔서 제사장인 엘리 집안을 저주하신다고 말씀하셨습니다. 이러한 일이 벌어진 것은 하나님이 엘리 제사장과 말씀하고 싶지 않으시다는 의미였습니다. 그리고 사무엘이 비록 나이는 어리지만 그와 대화하시고 앞으로 그에게 중요한 말씀을 하시겠다는 것이었습니다. 그만큼 하나님이 사무엘을 신뢰하신다는 의미였습니다.

하나님과 친밀해진 사무엘은 그 후 사울을 왕으로 기름을 부을 때, 다윗을 왕으로 기름을 부을 때 등 국가적인 중대사에 하나님의 말씀을 듣고 가서 말씀하신 대로 실행했습니다. 구약시대라고 해서 그리고 유대인들이라고 해서 그들이 모두 다 하나님과 친밀했던 것은 아닙니다. 그리고 엘리 제사장에게서 보듯 제사장이나 서기관이라고 해서 하나님과 친밀한 것도 아니었습니다. 이것은 어느 시대에나 마찬가지입니다. 그렇다면 반대로 하나님과 친밀하지도 않으면서 하나님의 일을 하는 사람들이 있다는 말이 됩니다. 이것은 누구라도 결코 원하지 않는 일일 것입니다.

하나님과 가까이 지내야만 주님의 일을 신실하게 할 수 있습니다. 그럼에도 불구하고 우리 주변에는 하나님과 친밀한 성도도 있는 반면, 하나님과 친밀함을 전혀 느끼지 못하는 성도도 많습니다.

하나님과 친밀하지 않으면 우리는 하나님의 뜻도 모르고, 하나님이 나를 사랑하시고 도우시는지 영적으로나 이성적으로도 알 수 없습니다. 특히 기도해도 응답을 받지 못합니다. 하나님이 친하지도 않은 사람에게 세상에서 이루어질 중요한 비밀을 말씀하시지도 않을 뿐더러 그들의 요구를 들어주실 수도 없기 때문입니다. 이런 경우라면 같은 하나님을 믿는 성도로서 억울한 일이 될 것입니다.

가장 비밀스러운 부분까지도 서로 알고 지내는 친밀한 사이는 신랑과 신부 관계라고 할 수 있습니다. 성경은 예수 그리스도를 성도의 신랑, 성도를 예수님의 신부라고 합니다. 그러므로 성도는 주님과 부부처럼 친해져야 합니다. 둘만의 시간을 보내면서 서로만 아는 남모르는 비밀이 있어야 합니다. 그리고 둘이서 오래 있을수록 좋습니다. 그래야 주님이 소유하신 능력이 나의 능력이 되고, 주님처럼 신령하고 거룩한 신앙생활을 할 수 있습니다. 그리고 승리하는 삶을 살 수 있습니다.

오늘날 성도들은 세상과 너무 많은 시간을 보냅니다. 그래서 정작 신랑 되신 주님과 가까이하고 친밀하게 지내는 시간이 너무 많이 부족합니다. 주님은 자신을 믿는 성도들과 친밀하게 지내기를 원하십니다. 사랑하는 이와 많은 시간을 보내고 싶은 것은 당연한 것입니다. 우리를 기다리시는 주님께 더 가까이 나아갑시다. 그래서 주님과 친밀한 성도가 되기를 간절히 바랍니다.

분주함

    오늘날 우리 사회를 특징짓는 한 가지는 분주함입니다. 우리에게는 배워야 할 것도 많고, 가볼 곳도 많으며, 해야 할 일도 많습니다. 치열한 경쟁사회 속에서 남에게 뒤처지지 않으려고 혹은 앞서나가려고 엄청난 노력을 기울입니다. 성도들도 예외가 아닙니다. 사회활동과 가정생활, 여기에 신앙생활까지 하기 위해 여간 분주한 것이 아닙니다. 하지만 이러한 상황에서 결코 잊으면 안 될 것이 있습니다. 바로 이러한 분주함이 하나님께 가까이 나아가고 우리 영혼이 성장하는 데 장애가 될 수 있다는 것입니다.

누가복음 10장을 보면 마르다와 마리아 자매의 이야기가 나옵니다. 예수님이 그들의 집에 방문하셨을 때 동생인 마리아는 주님께 가까이 다가가 주님 말씀에 차분하게 귀를 기울였습니다. 이에 반해 언니인 마르다는 손님으로 오신 주님을 잘 대접하려고 말씀 듣는 일을 소홀히 하고 접대하는 일로 분주했습니다. 그러고는 주님 앞에 앉아 말씀을 듣고 있는 동생을 못마땅하게 생각했습니다. 그러나 주님은 오히려 말씀을 소중히 여기는 동생 마리아를 칭찬하셨습니다. 그리고 분주하게 움직이는 마르다를 책망하셨습니다. 이 상황을 통해 분주함이 좋은 것이 아님을 가르쳐주신 것입니다.

하나님과 나누는 관계보다 이 세상에 소중한 것은 없습니다. 그러나 세상의 분주함에 함몰되면 하나님을 바라보는 시각과 마음을 놓치게 됩니다. 이것은 성도로서 위험한 일입니다. 하나님과 관계가 멀어지면 회복하는 것이 쉽지 않습니다. 교회에서도 마찬가지입니다. 교회의 여러 행사와 프로그램을 쫓다 보면 하나님과 마주하는 시간이 줄어드는데 이 또한 조심해야 합니다. 교회 행사에 충실한 것이 하나님 앞에 가까이 나아가는 행동은 아니기 때문입니다.

수도사나 영성가들이 모든 일을 내려놓고 사막이나 수도원으로 들어갔던 것은 다 하나님을 가까이하기 위해서입니다. 때문에 그들에게는 영성과 신비로움이 있었고 하나님과 친밀했습니다. 그리고 하나님의 뜻을 알았습니다. 그래서 많은 사람이 그들을 존경했습니다. 물론 우리는 수도사처럼 살 수 없습니다. 그러나 하나님과 깊은 교제를 나누며 신앙생활을 하기 원한다면 이 세상의 분주함에서 벗어나기 위해 노력해야 합니다.

  분주한 사람은 하나님의 음성을 들을 수 없습니다. 물론 성도들은 자신의 일을 열심히 해야 합니다. 그래야 충성된 일꾼입니다. 그러나 잊지 말아야 할 것은 가능한 한 중요하지 않은 일을 줄이고 분주함에서 벗어나는 것입니다. 그리고 조용한 시간을 만들어야 합니다. 지금도 말씀하시는 주님께 귀 기울여보세요. 그렇게 한다면 당신을 사랑하시는 주님의 음성을 귀로, 마음으로 듣게 될 것입니다. 의미 있는 인생은 주님과의 친밀함에서부터 시작됩니다. 주님과의 사귐을 기대하십시오. 그것은 분주함에서 떠날 때에만 가능합니다.

내려놓음이 필요하다

하나님의 사람들은 주님 앞에 자신을 내려놓고 살아야 합니다. 특히 사역자로 부름받은 사람들은 철저히 내려놓는 삶을 살아야 합니다. 그렇다면 먼저 내려놓음이란 무엇인지 알아야 합니다.

내려놓음이란 말 그대로 자기 생각이나 계획, 주장 이 모든 것을 없는 것처럼 내려놓고 자기 삶을 자기 스스로 주장하지 않는 것입니다. 이성이 있는 사람이 이런 삶을 사는 것이 과연 가능할까 생각할 수 있지만 결론적으로 말하면 꼭 그렇게 해야 합니다. 왜냐하면 자기 스스로 삶을 계획하고 살았을 때 과연 그

결과가 최후의 재판장이신 그리스도께 인정받을 수 있느냐 하는 문제에 부딪히기 때문입니다.

또한 하나님의 인도하심이 아닌 자신의 생각과 계획이 개입되었을 경우입니다. 그 일의 목적이 하나님의 영광을 위한다고 하지만 실상은 하나님과 관계가 없어서 하나님께 아무 영광도 돌려드리지 못할 가능성이 많기 때문입니다. 하나님이 기뻐하시지 않는 계획이나 삶은 하나님이 축복하시지 않습니다. 오히려 숱한 부작용과 문제를 불러일으킬 수 있습니다. 이것은 모두를 불행하게 하는 일입니다.

오늘날 우리에게는 자신의 생각과 계획 그리고 자기가 정해 놓은 목표가 많습니다. 그리고 그 계획에 주님이 축복해달라고 기도하면서 주변에 기도 부탁도 많이 합니다. 이것은 진정한 신앙인의 태도가 아닙니다. 진실한 성도는 머리와 가슴, 배, 자기 몸 어디에도 자기 뜻이 없어야 합니다. 그리고 "주님이 저를 인도해주십시오"라고 기도하는 것이 맞습니다.

주님은 기도하는 사람의 기도를 들으시지만, 무엇보다 거룩하고 깨끗한 삶을 살면서 주님 앞에 겸손한 자의 기도를 들어주시기 좋아합니다. 그래서 먼저 자신을 깨끗한 그릇으로 만들고 자기 삶이나 사역을 주께 맡기면 그분이 모든 것을 하십니다. 그리고 주님이 우리를 인도하시면 주와 함께 열심히 가면 됩니다. 우리가 만들어놓은 길에서가 아닌 주님이 만드신 길에서 열정을 가져야 합니다.

예수님조차도 십자가에 달리시기 전 "내 뜻대로 마옵시고 아버지의 뜻대로 하옵소서"라고 기도하셨습니다. 이것이 내려놓음입니다.

내려놓음은 또한 다른 사람들의 평판에 귀 기울이지 않는 것입니다. 사람들은 다른 사람을 평가하기 좋아합니다. 그래서 자기도 원치 않게 평가를 받습니다. 칭찬을 들을 때는 좋아하지만 비판당할 경우에는 불쾌해하며 분노합니다. 이것은 아직 내려놓지 못한 상태입니다.

이 세상에 사는 나는 없고 주님 앞에서의 나만 있어야 합니다. 이것이 진정한 내려놓음입니다. 언젠가 어느 목회자와 대화하던 중 그가 자신에 대한 이야기를 털어놓았습니다. 어느 날 친구가 그에게 오더니 사람들이 그가 무슨 잘못을 저질렀다고 말하는데 어떻게 된 일이냐고 묻더랍니다. 그는 이렇게 대답했다고 합니다. "그 사람들이 나를 욕하지만 사실 나는 그들이 하는 말보다 더 나쁜 놈이다"라고요. 그 말은 그의 진심이었습니다. 그는 누구의 평판도 두려워하지 않고 오직 주님 앞에 있는 자신을 생각했습니다. 이것이 내려놓음입니다.

주님께 내려놓는 신앙생활을 시도해보십시오. 우리는 우리 인생을 소중하고 가치 있게 살아야 합니다. 그러므로 그 인생을 아무 의심 없이 주께 맡겨봅시다. 살아계신 주님이 우리 길을 온전히 인도하십니다. 그리고 그래야만 멋지고 빛나는 인생이 될 것입니다.

회개 기도

하나님을 믿는 사람들은 하나님께 기도할 수 있는데 기도는 기독교에서 대단히 중요한 요소 가운데 하나입니다. 기도 중에는 회개 기도가 있습니다. 자신의 죄를 하나님께 용서해달라고 구하는 것입니다.

우리가 죄를 회개하는 이유는 하나님이 죄를 미워하시기 때문입니다. 하나님은 하나님을 믿는 사람이 죄짓지 않고 거룩하게 살 것을 요구하십니다. 만일 죄가 많다면 거룩하신 하나님은 그의 기도를 들어주시지 않을 뿐더러 그는 하나님이 약속하신 축복을 받을 수가 없습니다. 또한 죄를 짓는 것은 합법적으로 어두운 세력을 불러들이는 행위입니다. 그러므로 성경이 말씀하신 하나님의 명령을 잘 지켜나가야 죄를 짓지 않을 수 있습니다.

그런데 문제는 우리 인간은 아무리 바르게 살려고 애를 써도 또다시 크든 작든 죄를 짓게 된다는 것입니다. 행동으로 짓지 않아도 생각이나 마음으로 죄를 짓습니다. 그렇다면 우리는 도대체 어떻게 해야 할까요. 만일 우리는 어차피 죄를 지을 수밖에 없다고 체념하고 무감각하게 산다면 그것은 큰일 날 일입니다. 왜냐하면 죄의 값은 사망이기 때문입니다.

우리는 하나님의 도우심을 받아 최대한 거룩하게 살려고 애를 써야 합니다. 그러다가 죄를 짓게 되면 곧 철저히 회개해야 합니다. 만일 회개할 것을 쌓아두었다가 한꺼번에 하겠다고 한다면 이는 지혜롭지 못한 행동입니다. 죄를 쌓아둔 사람은 회개하기를 싫어하게 되며, 죄가 머물러 있는 동안은 하나님과 친밀하지 못합니다. 그리고 죄가 많으면 회개하기가 훨씬 더 힘이 듭니다. 그것은 죄의 무게와 죄를 지을 때 역사하는 악한 영의 방해가 심하기 때문입니다. 그런데 이보다 더 큰 문제는 성도들 가운데 자신에게 죄가 없다고 생각하는 사람이 의외로 많다는 것입니다. 그러니 회개하지 않으려고 하는 것은 당연합니다.

저의 은사이신 고(故) 박윤선 목사님은 노년에 하신 설교에서 "나는 팔십 년 묵은 죄인입니다"라고 고백하셨습니다. 많은 사람의 존경을 받는 분인데도 자신을 죄인으로 알고 사셨습니다. 디모데전서 1장 15절을 보면 사도 바울도 제자 디모데에게 "나는 죄인 중에 괴수"라고 고백했습니다. 바울은 사도로서 수많은 일을 하고 자신의 달려갈 길을 성공적으로 마쳤음에도 그가 한 최후의 고백은 자신이 죄인이라는 것이었습니다.

위대한 하나님의 사람들은 자신이 하나님 앞에서 죄인이라는 마음으로 겸손하게 살았습니다. 저 또한 하나님 앞에 기도하다 보면 저 자신이 너무나 형편없다는 생각을 합니다. 저뿐 아니라 다른 많은 분도 그런 생각을 할 것입니다.

하나님은 우리가 회개할 때 그 죄를 기억하지도 않으시고 깨끗하게 해주신다고 약속하셨습니다. 그 약속을 믿고 오늘도 우리는 자신의 죄를 회개해야 합니다. 회개는 죄지은 것만큼 해야 합니다. 꼭 알아야 할 것은 진심을 다해 그리고 철저히 회개해야 한다는 것입니다. 그리고 다시는 그 죄를 짓지 않으려고 노력해야 합니다. 그렇게 해야 온전한 회개에 이르게 됩니다. 철저히 회개한다면 지은 죄가 생각나지 않고 우리 영혼이 죄의 짐에서 가벼워집니다. 죄에서 놓임을 받아야 참 기쁨이 있게 됩니다.

온전히 회개함으로 하나님이 기뻐하시는 거룩하고 정결한 성도들이 여기저기서 많이 나타난다면 교회와 이 세상은 아름다워질 것입니다. 성도 개개인이나 각 교회는 깨끗해야 힘이 있습니다.

겉사람과 속사람

　사도 바울은 복음을 위해 많이 수고하고 환란도 많이 당했습니다. 그런 바울이 어느 날 자신을 보니 몸이 많이 약해지고 늙어가고 있는 것을 알게 되었습니다. 하지만 바울은 슬퍼하지도 괴로워하지도 않고 그 사실을 태연히 받아들였습니다. 그리고 오히려 겉사람은 낡아지나 속사람은 날로 새로워진다고 했습니다. 겉사람인 육체가 늙어 낡아지는 것보다 속사람이 새롭게 되는 것을 훨씬 더 소중하게 생각했던 것입니다.

　바울은 자신에게 그리고 다른 사람에게 속사람이 있다는 것을 알았습니다. 눈에는 보이지 않지만 우리 속에 사람이 또 있다는 것입니다. 영혼이라고도 할 수 있지만 속사람이란 말이 마음에 더 와 닿습니다. 바로 이 속사람이 영적인 사람과 같은 역할을 합니다. 바울은 육체가 이 땅에 있으면서도 영적인 하나님 나라인 천국을 방문했습니다. 그리고 이 땅에 있으면서도 부활하신 주님을 여러 차례 만났습니다. 이러한 영적인 경험은 육체와 더불어 대부분 속사람의 활동이라고 할 수 있습니다. 바울은 그래서 "보이는 것은 잠깐이요 보이지 않는 것은 영원함이라"(고후 4:18)고 했습니다. 그리고 고린도후서 5장 10절에서 우리가 죽은 후 육체가 땅에 묻힌다 해도 그리스도의 심판대 앞에 나타나게 되어 각각 선악 간에 그 몸으로 행한 것을 따라 받는다고 말했습니다. 사람이 행한 일에 대해 장차 속사람이 주님께 심판을 받는다는 의미입니다.

바울 사도의 말처럼 속사람은 주님 앞에 가게 되는 진정한 나라고 할 수 있습니다. 그러므로 우리는 우리의 육체도 중요하지만 우리 속에 있는 속사람을 새롭게 하고 강하게 하는 데 힘을 쏟아야 합니다. 속사람이 건강해야 합니다. 무엇보다 우리를 청결한 신부로 만들기 위해 열심히 회개해야 합니다. 그리고 주님과 교제를 나누기 위해 경건한 시간을 만들어가야 합니다. 더 나아가 주님 나라와 그분의 몸 된 교회를 위해 헌신해야 합니다. 이렇게 하는 것이 우리의 속사람을 복되게 하는 것이며, 장차 주님의 심판대 앞에 섰을 때 부끄러움을 피할 수 있게 됩니다. 속사람이 강건해야 교회에 유익을 끼칠 수 있습니다.

우리가 우려해야 하는 것은 속사람이 아직 어리거나 미숙아 상태인데도 교회 안에서 지도자의 위치에 서는 경우입니다. 그러면 공동체가 견고히 설 수 없습니다. 속사람의 상태는 이 땅에서도 대단히 중요합니다.

저는 현재 제 속사람의 모습이 어떤지 궁금합니다. 과연 건강한지, 아니면 병이 들었거나 초라한 모습은 아닌지 알고 싶습니다. 또한 철없는 어린아이의 모습은 아닌지, 혹시 장성한 청년의 모습은 아닌지 두려움과 기대가 있습니다. 여러분도 자신의 속사람의 상태가 궁금하지 않습니까?

사도 바울은 자신의 속사람의 모습, 즉 영적 상태에 대해 잘 알고 있었고 상당히 흡족한 상태인 것을 보았음이 분명합니다. 죽어가는 속사람이든, 살아 있는 속사람이든 그 책임은 전적으로 현재 육체를 가지고 있는 나 자신에게 있습니다. 세월이 가는 것을 아까워하지 말고 자기 속사람이 강건해지는 것에 관심을 두고 성숙해가는 모습에 기뻐하십시오. 그렇다면 그 성도는 반드시 주님 앞에서 칭찬을 들을 것입니다. 오늘 자기 속사람을 아름답고 강하게 하기 위해 기도하시기 바랍니다.

믿음이 중요하다

　　기독교 안에서 믿음이란 중요한 핵심 사상이며 신앙 행위입니다. 성경은 믿음, 소망, 사랑 이 세 가지는 항상 있을 것이라고 말했는데, 믿음은 그 하나로 언급될 만큼 중요한 것입니다. 믿음이 귀한 것은 믿음의 결론이 구원, 즉 하늘나라에 가는 것이기 때문입니다. 아브라함을 가리켜 믿음의 조상이라고 한 것을 볼 때 믿음은 사람을 평가하는 중요한 요소입니다. 그래서 종교개혁자 마르틴 루터는 가톨릭교회와 자기를 따르는 사람들에게 오직 믿음이라고 외쳤습니다. 그리고 많은 사람이 그 사상을 따랐습니다.

그렇다면 믿음을 소유한 성도들은 무엇을 믿어야 할까요? 먼저는 하나님이 살아계신 것을 믿어야 합니다. 그리고 예수 그리스도가 우리 죄를 위하여 십자가에 달려 죽으시고 부활하신 것을 믿어야 합니다. 그리고 장차 하나님이 세상을 심판하실 것을 믿어야 합니다. 그 외에 성경에 기록된 것을 믿어야 합니다. 성경은 주님이 천국에 대해 가르치시고 병을 고치시며 귀신을 쫓아내시고 회개하라고 하신 말씀을 기록해놓았습니다. 우리는 이 모두를 믿어야 합니다.

오늘날 교회 안에는 마음 깊은 곳에서 이 모든 것을 진정으로 믿는 사람도 있고, 단지 머리로만 "그럴 것이다" 하는 정도에서 믿는 사람도 있습니다. 머리로만 믿는 것은 진정한 믿음이 아니고 단지 지적으로 아는 것일 뿐입니다. 머리로뿐 아니라 가슴 깊은 곳으로 믿어야 믿음이라고 할 수 있습니다.

그런데 더 확실하게 믿음이 있는지 없는지를 알려면 그 사람의 행동을 보아야 합니다. 하나님을 믿는 것이 행동으로까지 나타나야 정말 하나님을 믿는다고 할 수 있습니다. 믿음의 조상인 아브라함이 믿음이 있다고 인정받은 것은 하나님 말씀을 실천해 보여주었기 때문입니다. 하나님이 아브라함의 아들 이삭을 제물로 바치라고 하셨을 때 그는 누구와 의논하지도 않고 아들을 바쳤습니다. 이것이 바로 믿음인 것이 성경 전체에 흐르는 사상입니다.

야고보 사도가 말한 것처럼 행함이 없는 믿음은 죽은 믿음입니다. 행함이 없으면 그의 믿음은 사상이고 이성적인 지식에 불과합니다. 그리고 일시적 감정에 불과합니다. 하나님이 살아계신 것을 진실로 믿는다면 행동으로 나타나지 않을 수 없습니다. 그러므로 성도들은 믿음으로 살아서 구원을 얻고 천국을 바라보며 열심히 달려가야 합니다. 오늘날 성도들의 가정이나 교회에서 하나님 말씀이 잘 지켜지지 않는 경우가 많습니다. 이것은 믿음이 없거나 약하기 때문입니다. 믿음이 있더라도 나태하거나 유혹을 받았기 때문입니다.

믿음의 결국은 구원을 얻는 길이고, 그 행동은 결국 상급으로 나타나게 됩니다. 지금 우리는 구원을 완성한 것이 아닙니다. 구원의 길에 들어선 것은 맞지만 그것은 미래에 이루어질 것입니다. 하나님은 진정 살아계십니다. 그리고 천국은 있습니다. 우리 자신이 비록 약하고 아직은 하나님 나라에 대해 깊이 모르지만, 그리고 영적인 능력도 없지만 그럼에도 말씀을 의지하고 열심히 달려 나가야 합니다. 달음질하는 사람은 많아도 상을 얻는 자는 많지 않다는 말씀을 기억해야 합니다.

주님을 깊이 알자

　이 세상에 하나님을 믿는 사람들은 많지만 그들이 모두 다 같은 수준에서 하나님을 믿는 것은 아닙니다. 성경이나 교회사를 보면 주변에 누구 하나 하나님 뜻대로 살려는 사람이 없어도 혼자라도 주의 나라를 위해 일하거나 믿음을 지키는 사람들이 있었습니다.

　사사인 삼손이 살았던 시대에 히브리 민족은 믿음에서 거의 떠나있었지만 삼손만은 블레셋과 싸우면서 믿음을 지키고 하나님 나라를 지켰습니다. 북이스라엘의 아합 왕 시대에는 거의 모든 사람이 믿음을 버리거나 아합과 이세벨의 위세에 눌려 입을 다물고 있었지만 엘리야 선지자는 아합에게 회개하라고 외쳤습니다. 종교개혁자들은 로마 가톨릭의 잘못된 가르침에 굴하지 않고 진리를 위해 싸웠는데 그 중에는 순교한 사람들도 많았습니다.

그들에게 이처럼 남들이 소유하지 못한 믿음과 열정이 있었던 것은 그들이 하나님을 만났기 때문입니다. 하나님을 만나고 그분을 깊이 알면 주님의 뜻을 분명히 알게 되고 하나님이 힘을 주십니다. 그러므로 힘 있고 능력 있는 그리고 시대를 개혁할 만한 믿음을 소유하고 싶다면 무엇보다 주님을 더 깊이 만나기 위해 애써야 합니다. 극단적으로 표현하면 미치도록 사모하고 그리워하는 것입니다.

공부에 미친 사람, 사업에 미친 사람, 쾌락에 미친 사람이 있습니다. 그러나 주님께 미친 사람은 많지 않습니다. 하나님의 자녀라면, 아니 하나님의 사람이라면 주님께 한번 미쳐보는 것이 어떨까요. 사도행전 26장 24절을 보면 바울은 베스도 총독에게 "미쳤다"는 소리를 들었습니다. 그는 고린도후서 5장 13절에서 "우리가 만일 미쳤어도 하나님을 위한 것이요"라고 말했습니다. 바울은 미친 사람이 아니지만 그런 말을 들었고, 설령 그런 말을 들었다 해도 하나님께 미쳤다면 오히려 잘된 일이라는 뜻이었습니다.

그렇다면 하나님께 미친다는 것은 어떤 것일까요. 그것은 많은 시간을 들여 하나님께 기도하고, 하나님이 원하시는 삶을 사는 것입니다. 하지만 하나님께 미친 사람도 많지 않고 미치는 것도 쉽지 않습니다. 그렇다면 왜 하나님께 미치라고 하는 것일까요. 하나님께 미치는 것이 우리 인생에서 가장 유익하고 좋은 일이기 때문입니다.

저는 하나님께 미쳐보고 싶었고 어느 정도 미쳐도 보았습니다. 그러자 세상이 주지 못하는 말할 수 없는 은혜를 입었습니다. 주님을 가까이하는 것이 복이라는 성경 말씀이 저에게 현실로 다가온 것입니다. 하나님의 은혜를 깊이 체험한 사람만이 아는 믿음의 비밀이 있습니다. 그래서 하나님을 만난 사람은 하나님께 더 가까이 나아가고 싶어 합니다. 저는 사람이 하나님을 가까이 모시는 것이 인생 최고의 축복이라고 감히 말하고 믿습니다. 그리고 가능한 한 많은 성도가 주님을 미친 듯이 깊이 사귀었으면 좋겠습니다.

이 세상에는 좋은 것이 많습니다. 그러나 그것이 우리에게 만족을 주지 못합니다. 주님만이 우리의 생명이시고 친구시며 구주가 되십니다. 우리 모두 주님을 마음껏 사랑하면 좋겠습니다. 주님도 우리를 깊이 사랑해주실 것입니다. 그리고 창조주가 소유한 그 풍성한 은혜를 받게 될 것입니다. 우리 모두 사랑받는 소수, 즉 적은 무리에 속한 자가 되면 좋겠습니다.

2부 * 변화되어야 할 나의 모습

겸손의 힘

우리가 사는 동안 반드시 알아야 할 것이 있습니다. 그 중 가장 중요한 것은 내가 누구냐 하는 것입니다. 성경을 보면 사람은 하나님이 창조하셨습니다. 창조하신 목적은 하나님과 인간이 아버지와 아들의 관계를 맺고 서로 사귀기 위해서입니다. 그런데 문제는 하나님이 계시다고 하는데 대부분 사람에게는 그 존재가 느껴지지 않고, 교회에 다니는 신자들 또한 느끼지 못하는 경우가 대부분입니다. 그런 문제가 발생하는 데는 다 이유가 있습니다. 그것은 하나님은 영이시기 때문입니다.

영이란 우리가 사는 세상에서 보고 만져지는 물질세계가 아닌, 다른 세계이기 때문입니다. 그래서 우리 눈이나 손과 발로 영적 세계를 잘 체험할 수 없습니다. 그러나 육체를 소유했다 하더라도 우리 인간은 영적 존재이므로 영적 세계를 체험할 수 있습니다. 특히 성부, 성자, 성령, 이 삼위 하나님 중에서 어느 분이든 그분의 존재를 체험할 수 있습니다. 성령이 내게 강하게 다가오신다면 영적 눈으로 보든, 영적 손으로 만지든, 영적 귀로 듣게 되든 간에 체험할 수 있습니다.

하나님을 체험한 사람들에게서 나타나는 공통적인 특징 가운데 하나는 하나님을 좋아하면서도 두려워한다는 점입니다. 하나님은 우리가 상상할 수 없을 만큼 크고 또 크신 분이기 때문에 하나님을 만나면 거룩한 두려움이 생기고 자연히 겸손해지게 됩니다.

사울은 혈기가 충만했고 스데반을 죽이는 데 앞장섰으나 주님을 만난 후 길들여진 말처럼 하나님 앞에서 고분고분해졌습니다. 가나안 정복 전쟁에서 큰 성과를 거둔 다윗 왕도 하나님 말씀이라면 자기의 계획을 한순간에 포기했습니다. 그는 성전을 짓고 싶었지만 포기했습니다. 하나님이 허락하지 않으셨기 때문입니다. 하나님을 만나면 자기의 계획은 하나님의 계획 앞에 내려놓게 됩니다. 이런 예는 성경과 교회 역사에서 얼마든지 찾아볼 수 있습니다.

그러므로 교만한 사람은 하나님을 영적으로 만나지 못했다는 증거가 됩니다. 하나님을 영적으로 경험했다면 두려워하고 떨며 겸손하게 신앙생활을 할 수밖에 없기 때문입니다. 겸손의 반대는 교만입니다. 교만은 하나님과 관계가 없으며 사탄과 관계가 있습니다. 사람에게는 하나님이 역사하실 수도 있고 악한 영이 역사할 수도 있습니다. 그러므로 교회에 다니는 성도라 해도 얼마든지 교만할 수 있습니다. 작은 교만도 없어야 하겠지만 크게 교만하다면 하나님은 그가 신자라도 벌을 내리십니다.

성경은 교만은 패망의 선봉이라고 했습니다. 교만은 곧 망하는 길입니다. 우리 주변에는 교만하면서도 자신이 겸손하다고 생각하는 사람들이 너무 많습니다. 이런 사람은 공동체를 혼란스럽게 하고 큰 손실을 끼칩니다. 그러면서도 자신의 상태를 깨닫지 못합니다. 이것은 모두를 망치는 안타까운 일입니다.

성도들은 자신이 약하다는 것, 아직도 죄인이라는 것, 하나님이 함께하시지 않으면 별 것 아니라는 마음을 늘 가져야 합니다. 그리고 겸손히 하나님의 긍휼을 기다려야 합니다. 그렇다면 하나님이 은혜를 주십니다. 진정으로 겸손한 자만이 하나님이 인정하십니다. 주 안에서 겸손할 때 때가 되면 하나님이 그를 높여 주십니다.

혈기분노

하나님의 사람은 하나님을 두려워하기 때문에 그분 앞에서 겸양의 태도를 갖습니다. 만일 하나님을 마음에 모시지 않았다면 좋지 않은 모습들이 나타나는데 그 중 하나가 혈기를 부리는 것입니다. 즉, 분노하는 것입니다. 혈기는 남에게만 부리는 것이 아니라 어떤 때는 자신에게도, 심지어 하나님께도 혈기를 부리거나 분노합니다. 이것은 하나님께 칭찬을 들을 수 없는 잘못된 행동입니다. 성도는 자비와 사랑으로 서로 존중하고 사랑하는 것이 마땅합니다. 이러한 실천을 통해 거룩한 성도가 되며, 그것은 또한 하나님이 기뻐하시는 행동입니다.

사실 혈기를 부리고 분노하는 행위는 인류 역사에서 아주 오래된 죄 가운데 하나입니다. 성경을 보면 아담과 하와가 죄를 범하여 에덴동산에서 쫓겨났습니다. 그들에게는 가인과 아벨이라는 자녀가 있었습니다. 형 가인은 하나님이 자신이 드린 제사는 받지 않으시고 동생이 드린 제사만 받으시자 동생에게 분노했습니다. 격동을 참지 못하고 동생을 돌로 쳐 죽였습니다. 시기질투에서 살인이 발생한 것입니다. 이것이 사람의 모습이고 지금 우리에게도 나타나고 있는 죄입니다.

가정에서, 직장에서, 심지어 하나님을 예배하고 섬기는 교회에서까지 혈기와 분노를 내는 경우가 많습니다. 상대와 대화를 나누다가 혹은 다른 사람의 어떤 행동을 보면서 혈기를 부리기도 합니다. 이것을 두고 피가 솟구친다고 표현하기도 합니다. 사람이 분노하는 것은 다른 사람의 말이나 행동이 자기 기준에 맞지 않기 때문입니다. 또한 시기와 질투가 발동하기 때문입니다.

혈기와 분노가 끼치는 가장 큰 피해는 상대에게 고통을 가하는 것이지만, 또한 자신이 하나님께 받은 은혜를 쏟아버리는 피해를 입게 됩니다. 혈기를 부릴 때 내 안에 있는 하나님의 은혜가 떠납니다. 그러면 그 자리에는 당연히 악한 영의 시커먼 그림자가 차지하게 되는 것입니다. 만일 이런 일이 반복된다면 하나님의 성전인 우리 몸이나 우리 안에 있는 속사람이 치명적인 상처를 입게 됩니다. 그러면 우리 영혼은 고갈되고 영적으로 성장할 수 없습니다. 그리고 우리 몸도 점점 약해지고 병들게 됩니다. 혈기를 많이 부리는 사람이 기도를 잘 하지 못하거나 신앙생활에서 성숙도가 떨어지는 것도 이 때문입니다.

성경은 우리에게 온유하라고 하십니다. 절제하라고 하십니다. 성도는 어떤 환경에서도 하나님의 뜻과 하나님의 손길이 내게 있다는 것을 믿고 의연하게 그리고 담대하게 행동해야 합니다. 그리고 주변의 평화를 위해 힘써야 합니다. 혈기를 부리는 행동으로는 세상을 변화시키거나 궁극적으로 자기 자신에게 유익을 주지 못합니다. 오히려 좋은 일을 망가뜨리는 파괴적인 결과를 가져옵니다. 혈기를 부린 후 오히려 더 꼬인 일을 보면서 후회하는 사람이 너무나 많습니다. 혈기만 해결해도 좋아질 일이 이 세상에는 많습니다.

지금 이 세상에는 어떤 일에도 요동하지 않고 하나님 앞에서 겸손하게 행하며 세상을 섬기는 사람이 필요합니다. 그리고 온유하고 절제하며 평화를 위해 애쓰는 성도가 필요합니다. 그 주인공이 여러분이 되기를 간절히 바랍니다.

진실한 말

아담과 하와가 하나님이 지으신 에덴동산에서 살고 있을 때입니다. 어느 날 뱀이 하와에게 다가와 선악과를 따 먹으면 하나님처럼 된다는 거짓말로 유혹했습니다. 하와는 그 거짓말에 속아 선악과를 따 먹었고 불순종의 죄를 지었습니다. 그 일로 아담과 하와는 축복의 동산인 에덴에서 쫓겨났습니다. 인류 역사상 가장 비극적인 사건이었습니다. 이것으로 알 수 있는 것은 하와를 망하게 만든 사탄의 특징은 거짓말하는 자라는 것입니다.

하박국 2장 4절을 보면 사탄은 정직하지 못하다고 했습니다. 즉, 거짓된 존재라는 것입니다. 결국 하나님은 진실한 분이지만 사탄은 거짓의 아비라는 것입니다. 우리가 우상을 섬기지 않는 것도 우상은 하나님이 아닌데도 하나님인 체하기 때문입니다. 그런 척하는 것도 거짓입니다. 진실이 아닌데도 그것을 믿고 따라간다면 거짓에 속는 것이고, 그 자체가 거짓된 행동일 수밖에 없습니다.

어처구니없게도 우리나라에 자신이 예수라고 하는 사람이 50명쯤 된다고 합니다. 다음은 제가 실제로 겪은 일입니다. 어느 날 어떤 중년의 여성이 제 사무실에 찾아왔습니다. 저와 잠시 이야기를 나누던 도중 그녀는 자신을 가리켜 "내가 하나님입니다"라고 했습니다. 자기가 하나님이니 자기를 따르라고 했습니다. 그녀는 목사님들에게 자기를 따르라고 하며 이 교회 저 교회를 다니고 있는 중이었습니다. 거짓의 영인 사탄이 그녀를 감싸 그녀의 정신이 혼미해져서 그런 어처구니없는 일을 하고 있는 것이었습니다.

사탄이라는 속임의 영은 어떤 사람에게도, 하물며 성도들에게도 들어올 수 있습니다. 예레미야 17장 9절은 "만물보다 거짓되고 심히 부패한 것은 마음"이라고 하였습니다. 우리 인간은 이미 거짓에 물들어 있는 것입니다. 그것은 교회를 다녀도 마찬가지입니다.

우리는 우리 자신의 언어와 생활을 유심히 살펴보아야 합니다. 자기도 모르게 거짓말과 거짓된 행동을 하고 있지는 않은지 돌아보아야 합니다. 거짓을 가르치면 거짓 선지자가 되는 것이고, 진실이 아닌 것을 진실처럼 말하면 사기꾼과 다를 것이 없습니다. 예수님은 그 당시 유대인들을 향하여 "너희는 너희 아비 마귀에게서 났으니"라고 책망하셨습니다. 회당에서 공부하고 성전에서 예배를 드려도 마귀 자식이라는 소리를 들은 것입니다. 진실하게 말하고 행동하면 하나님의 자녀이지만, 거짓을 말하고 거짓된 행동을 하면 우리도 마귀 자식이 될 수 있습니다.

저는 두려운 마음으로 거짓된 말과 행동을 회개하는 시간을 많이 갖습니다. 그러한 거짓이 하나님과 사람 앞에 얼마나 부끄러운지 모릅니다. 저는 성도들이 선한 거짓말은 괜찮다고 하는 말을 들으면 속이 뜨끔합니다. 그리고 사람을 지나치게 칭찬하는 것을 보아도 겁이 납니다. 농담을 과하게 주고받는 것도 거짓이 끼어들 여지가 많기 때문에 삼가야 합니다. 거짓말을 잘하는 사람은 거짓에 취해서 자신도 남의 거짓말에 속기 쉽습니다.

끝이 둘로 갈라진 뱀의 긴 혓바닥을 보면 섬뜩한 생각이 듭니다. 한 입으로 진실과 거짓을 말하는 것은 사탄이 하는 것이므로 성도들은 삼가야 합니다. 진실한 언어를 사용하는 것이 성도의 표지입니다.

기쁘게 살자

 하나님은 우리가 이 세상을 즐겁고 기쁘게 살기를 원하십니다. 그래서 우리에게 항상 기뻐하라고 말씀하셨습니다. 정말 항상 기뻐해야 합니다. 우리에게는 기쁜 일이 많습니다. 하나님을 믿게 되었으니 기쁘고, 이 땅에 태어난 것이 기쁘고, 하나님 나라를 위해 일하니 기쁘지 않을 수 없습니다. 지금 살아있다는 이 사실이 너무나 기쁜 일입니다. 기뻐하라고 명령하신 하나님은 우리 인간이 얼마든지 기뻐할 수 있게 하셨습니다. 하나님이 우리에게 불가능한 것을 명령하실 리가 없습니다.
 인생을 기쁘게 살려면 먼저 하나님과 친해야 하고, 하나님이

주시는 복을 받아야 합니다. 하나님과 친해지는 길은 늘 기도하는 것입니다. 회개도 하고, 소원도 말씀드리고, 기도하면서 자기 자신도 돌아보면 감사와 기쁨이 넘칠 수밖에 없습니다. 그러면 그 힘으로 주를 섬길 수 있고 봉사도 할 수 있게 됩니다.

저는 교회 안에서 기쁨이 다 사라져버린 듯 우울해하는 성도들을 많이 보았습니다. 그들은 어두운 표정에 의기소침해하고 다른 성도와 대화를 나누는 것도 피합니다. 혼자 있기를 좋아하는데 그것이 기도하기 위한 것이 아니라 그저 슬프고 의욕이 없어서인 것입니다. 그들은 친구를 사귀어도 비슷한 사람과 만납니다. 이렇게 우울함에 빠지면 감사한 일이 하나도 없고 만사가 귀찮고 슬프기만 합니다. 그런 행동은 주변까지도 우울하게 만듭니다.

우울하게 사는 것은 엄밀히 따지면 죄입니다. 우울한 감정이나 행동은 그 사람의 성격도 아니고 태어날 때부터 그런 것도 아닙니다. 그것은 하나님께 감사하지 않아서 발생한 결과로, 사탄이 주는 마음이고 상태입니다. 성도를 슬프게 만들려는 사탄의 계략이 성공한 것입니다.

사탄은 성도들에게서 감사를 빼앗고 기쁨을 앗아갑니다. 그러니 하나님을 생각해도, 집을 생각해도, 이 세상을 생각해도 항상 부정적이고 우울해지는 것입니다. 여기서 그치는 것이 아니라 사탄은 한번 우울해지면 계속 우울하도록 우리를 조장합니다. 그래서 깊은 슬픔에 빠지게 하고, 인생을 피폐하게 만들며, 심하면 극단적인 생각과 행동까지 하게 합니다. 이것은 이 땅에서 하나님과 사귀며 주의 나라를 위해 충성해야 할 성도로서 심각한 일입니다.

하나님을 믿는 성도는 하나님과 반대되는 길을 가는 사탄의 꼬임에 결코 놀아나면 안 됩니다. 그럼에도 이런 증상은 누구에게라도 발견할 수 있습니다. 우리가 이 잘못에서 벗어나려면 그동안 우울해하고 슬퍼하고 한숨짓고 낙심했던 것을 주님 앞에 내어놓고 회개해야 합니다. 그러면 그 마음에서 어둠이 물러가고 그 자리에 주님이 은혜를 주십니다. 기도는 매일 하는 것이고 수시로 하는 것이기 때문에 이것을 계속 반복해야 합니다. 그러면 어느 날 내 마음과 얼굴에서 어둠이 물러가고 환하게 빛이 비치는 것을 느끼게 될 것입니다.

성도는 하나님을 기쁘시게 해야 하고, 자기 자신도 그 은혜로 기쁘게 살아야 합니다. 내가 진심으로 기쁜 마음을 가질 때 내

가정과 내 직장과 내가 섬기는 교회에 기쁨의 강물이 흐르게 됩니다. 우리 모두 사탄이 주는 어두운 슬픔의 그림자를 벗어버리고 그리스도의 밝은 빛 가운데로 나아갑시다.

축하합니다

우리가 살아가고 있는 대한민국 사회를 규정하는 여러 특징이 있습니다. 그 중 하나가 경쟁사회입니다. 사회 구성원들이 공존하면서 서로 사랑하고 평화를 추구하지만 다른 한 편으로는 내가 다른 사람보다 잘돼야 하고 인정받으며 성공해야 한다는 생각과 행동 가운데 살아갑니다. 물론 개인마다 정도의 차이는 있을 것입니다.

사실 아름다운 경쟁도 가능합니다. 목표를 향해 달려갈 때 남에게 피해를 주지 않는 것입니다. 그리고 목표를 향한 여정에서 지치고 피곤한 사람을 만나면 옆에서 그를 도와주는 것입니다. 또한 목표를 이룬 사람들과 좋은 일이 있는 사람들에게 아낌없이 박수를 보내는 것입니다. 저는 목사로서 이런 사회를 꿈꿉니다. 서로 경쟁하는 구도 속에서도 기쁨이 있고 사람 사는 재미가 날 것입니다. 하나님도 우리 인생과 이 사회를 축복하실 것입니다.

반면 경쟁이라는 지치고 힘든 사회 속에서 우리를 더 괴롭히는 현상들이 있습니다. 그것은 남이 잘될 때 시기하고 질투하는 것입니다. 박수를 치는 데 인색한 것입니다. 남에게 조금만 문제가 있어도 매몰차게 비판하고 결국 상대를 무너뜨리려고 하는 고약한 심리와 행동입니다. 이것은 하나님이 보시기에 아주 악한 행동입니다. 만일 하나님을 믿고 교회에 출석하는 사람이 이런 마음을 갖고 행동한다면 그것은 악한 것으로 사탄이 주는 마음입니다. 그 마음속에 주님이 계신다고 말하기 어렵습니다. 그의 마음 밭에는 수상한 것들이 잔뜩 심겨 있는 것이 분명합니다.

잠언 14장 30절을 보면 시기는 **뼈**를 썩게 한다고 했습니다. 시기는 일시적인 생각이나 단순한 감정으로 끝나는 것이 아닙니다. 그것은 실제로 **뼈**가 썩는 것입니다. 시기와 질투가 심한 사람은 **뼈**와 건강에 말할 수 없는 문제를 떠안게 됩니다. 성경 말씀을 믿는다면 그런 죄를 짓지 않기 위해 애를 써야 합니다. 그것이 내가 살고 공동체가 사는 길입니다. 주변을 둘러보면 불의하게 경쟁하지 않고 남을 칭찬하며 축하하면서 사는 사람이 많은데, 우리는 그들의 신앙과 삶이 건강한 것을 얼마든지 볼 수 있습니다.

사촌이 밭을 사면 배가 아프다는 속담이 있는데 실제로 시기하는 사람은 몸이 아플 수 있습니다. 저는 시기 질투가 많은 사람이 건강에 어려움을 겪는 것을 많이 보았습니다.

다른 사람을 축하해주면 나도 즐겁고 상대도 즐겁습니다. 시기하고 질투하면 나도 괴롭고 상대도 불편합니다. 다윗이 등장하자 위기를 느끼고 그를 죽이려 했던 사울 왕의 시기심으로 다윗과 사울 자신 그리고 이스라엘 공동체 모두가 엄청난 고통의 시간을 겪었던 것을 성경은 분명히 보여줍니다. 이 사건은 하나님의 사람들이 어떻게 살아야 하는지를 일깨워주는 강력한 증거입니다.

오늘도 우리는 이 하루를 살아갑니다. 그 시간 속에서 우리는 하나님을 바라보며 그리고 하나님의 마음으로 모든 사람을 축복해야 합니다. 가족, 교회 성도, 직장 동료 그리고 힘든 이 세상을 함께 살아가는 모든 사람을 격려합시다. 여러분도 힘내십시오.

하나님께 맡기라

　이 땅에서 살아가는 동안 우리에게는 해야 할 일도 많고 필요한 것도 많습니다. 그것들을 잘 해결해나가야 평안한 삶을 살 수 있습니다. 내가 감당해야 할 몫을 잘 해내지 못하면 괴로운 일들이 많이 벌어지게 됩니다. 때문에 내가 감당해야 할 내 몫의 일을 잘 해낼 수 있을지 걱정하고 고민합니다. 그것이 가족 문제일 수도 있고, 직장이나 교회 문제일 수도 있습니다.

　마태복음 6장 27절을 보면 예수님은 근심하고 걱정한다고 키를 한 자도 더할 수 없으니 아무것도 염려하지 말고 주께 맡기라고 하셨습니다. 예수님이 이 세상에 사시는 동안 특히 로마의 지

배 아래 있던 이스라엘 땅에 사시면서 수많은 사람이 세상살이에 지친 채 걱정하고 근심하는 것을 보신 것입니다. 하지만 아무리 오랜 시간 머리를 싸매고 걱정하고 고민한다고 문제가 해결되지는 않습니다. 이것을 모르는 사람은 아무도 없지만 그렇게 할 수밖에 없는 것이 사람의 한계입니다. 근심하지 않으려고 애를 써도 그것을 떨치기는 어렵습니다.

하지만 계속 걱정하고 근심하게 되면 여러 문제가 발생합니다. 머리에 통증을 느끼거나 심장에 이상이 생깁니다. 이런 현상이 오래 지속되면 상당히 위험한 상태로 발전하고, 생명을 위협받는 정도에까지 이를 수 있습니다.

나아가 걱정과 근심에 휩싸이게 되면 영적으로도 어두워져서 하나님께 기도하려고 해도 기도가 나오지 않게 됩니다. 때문에 하나님과의 교통도 점점 막히게 됩니다. 걱정과 근심이 하나님과의 관계를 멀어지게 하는 것입니다. 또한 나의 어두운 모습이 가정을 비롯하여 주변에 좋지 않은 영향을 끼치게 됩니다. 하나님을 바라보아야 하는 성도가 세상 풍파를 바라볼 때 이런 일이 벌어지는 것입니다.

성도가 강하고 담대하지 못하여 세상 일로 휘청거리면 후유

중이 있습니다. 영적으로 한 번 뒷걸음치게 되면 앞으로 전진하는 것이 여간 어려운 것이 아닙니다. 잘못하다가는 근심에 묻혀 헤어나지 못할 수도 있습니다. 주님이 왜 우리에게 걱정하고 근심하지 말고 하나님께 모든 것을 맡기라고 하셨는지 이해가 됩니다.

저는 주님이 가르쳐주신 대로 저와 관계된 많은 일을 기도 가운데 주님께 맡겨보았습니다. 자녀 문제, 부모님 문제, 교회 안의 여러 가지 문제 그리고 저의 건강 문제 등 가장으로서 또한 목회자로서 해결해야 할 문제들이 많았습니다. 그런데 그 모든 것을 하나님께 맡긴 이후 저는 건강도 좋아지고 영적으로도 많이 성숙해졌습니다. 걱정할 일은 점점 줄어들고 감사할 일이 계속 생겼습니다. 주변 사람들이 함께 즐거워하게 되었습니다. 감사가 제 생각 속에서만이 아니라 실제 삶에서 응답되었습니다. 하나님 말씀이 확실한 열매로 나타났습니다.

주님은 지금도 성도가 하나님의 돌보심 속에서 행복한 삶을 누리기 원하십니다. 하나님이 자기를 먼저 행복하게 해주면 근심하지 않을 것이라고 말하는 사람도 있지만 그렇지 않습니다. 내가 먼저 하나님의 역사하심을 믿고 근심을 내려놓아야 합니다. 하나님께 우리 모든 일을 맡깁시다. 그리고 주님이 행하시는 일을 지켜봅시다. 내가 걱정하면 주님은 쉬시지만 주님께 맡기면 그때부터 주님이 일하십니다.

감사하는 삶

저는 30년간 목회하면서 많은 사람을 만났습니다. 그 한 사람 한 사람을 생각해보면 똑같은 사람은 아무도 없습니다. 각자가 개성이 있고 장점과 단점이 있습니다. 제가 사람을 대할 때 그가 어떤 성격의 사람인지 파악하는 간단한 기준이 있습니다. 그것은 그가 감사하는 사람인가, 아니면 불평불만을 늘어놓는 사람인가 하는 것입니다. 저는 잘생김과 못생김, 경제적인 부유함과 어려움 등의 외적인 조건보다 그가 감사하는 사람인지 여부가 제일 먼저 눈에 들어옵니다. 감사하는 사람을 만나면 기분이 상쾌해지지만, 불평하는 사람을 만나면 제 영혼이 괴롭습니다.

하나님은 "항상 기뻐하라 쉬지 말고 기도하라 범사에 감사하라"(살전 5:16-18)고 하셨습니다. 어떤 일에나, 어떤 상황에 놓이든지 감사하라는 명령입니다. 이 말씀에 순종한다면 성도들의 입에서는 늘 감사가 넘쳐나야 정상인 것입니다.

저는 어렸을 때부터 이 말씀대로 살려고 노력했습니다. 그렇지만 견디기 어려운 상황이 되면 제 입에서는 불평불만이 저절로 나왔습니다. 어느 때는 그 정도가 심하여 하나님께도 불평을 늘어놓았습니다. 한번 불평을 시작하면 멈추기가 어려웠습니다. 그래서 저는 범사에 감사하라는 말씀은 제 평생에 못 지킬 것이리 생각했습니다.

사실 성경에서 지키라고 하시는 말씀 가운데 쉬운 것은 없습니다. 그럼에도 문제는 우리가 불평할 때 해악이 너무 크다는 것입니다. 입으로 불평하다보면 불평이 습관이 됩니다. 그래서 입만 열면 자연스럽게 불평이 쏟아지는 것입니다. 심지어 감사할 순간에도 감사가 나오지 않고 불평이 나오는 것입니다. 자기도 모르는 사이에 불평불만에 사로잡히는 상태에까지 이릅니다.

반드시 기억해야 할 것은 우리가 감사하면 하나님이 감사할 조건들을 계속 주시지만, 불평하면 불평할 일들만 계속 찾아온

다는 것입니다. 그러므로 감사는 축복이 들어오는 통로가 되고, 불평은 어둠과 고통이 들어오는 통로가 됩니다. 게다가 이 통로는 점점 확장됩니다. 그래서 어느 틈에 내 주변은 불평하는 사람들이 모여들게 되고, 모이면 또 어두운 이야기를 꺼내서 열매 없는 시간을 보내게 됩니다. 그곳에 하나님이 계실 리가 없습니다.

감사와 불평, 이것은 언제라도 쉽게 할 수 있는 행동이지만 결과는 너무나 큰 차이가 납니다. 단적으로 말하면 감사는 천국이고 불평은 지옥입니다. 불평을 늘어놓는 사람과 함께 산다면 지옥을 경험하게 되고, 감사하는 사람과 함께 산다면 천국을 맛볼 것입니다. 내가 어떻게 하느냐에 따라 내 주변이 천국도 되고 지옥도 됩니다.

불평과 불만의 근원은 자신의 기대나 욕구, 자기가 주장하는 바가 채워지지 않는 데 있습니다. 이러한 잘못된 욕심이 그 뿌리입니다. 그것은 하나님의 뜻을 믿지 못하고, 하나님이 내게 필요한 것을 주신다는 것을 믿지 못하는 불신앙에서 나옵니다. 하나님께 철저히 회개하면서 하나님께 자신을 맡기면 하나님은 감사의 생활을 할 수 있도록 은혜를 주실 것입니다. 오늘도 하나님께 감사하며 삽시다.

세상과 벗하지 말라

사람이 한평생을 살다보면 좋은 일도 있고 나쁜 일도 있습니다. 즐거운 때도 있지만, 고통을 겪는 때도 있어서 인생을 단지 좋은 것이다 또는 나쁜 것이다고 말할 수 없습니다. 문제는 이 세상에서 쾌락을 즐기며 살고 싶어 하는 사람의 마음입니다. 그래서 즐거우면 좋은 것, 괴로우면 나쁜 것이라는 논리가 굳어지게 됩니다.

세상에서 즐거운 것이 하나님이 보실 때 항상 옳은 것만은 아닙니다. 하나님은 세상과 벗하지 말고 세상 풍습을 따라가지 말라고 하셨기 때문입니다. 세상적이고 정욕적인 것을 마귀적이라고도 하셨습니다. 세상을 사랑하는 것이 마귀가 좋아할 일이라는 것입니다. 그러므로 성도는 이 세상에서 즐거움과 쾌락을 추구하고 있을 때 그것이 하나님께 어떤 평가를 받을지 염두에 두어야 합니다.

그렇다면 쾌락은 무엇일까요. 그것은 육체가 좋아하는 것입니다. 먹고 마시고 노는 것이 쾌락입니다. 술 취하는 것도 육체가 좋아하는 일입니다. 스포츠를 지나치게 좋아하거나 과한 텔레비전 시청도 눈을 즐겁게 하는 쾌락의 일종입니다. 취미라고 하면서 화초를 키우는 데 과도하게 시간을 투자하거나 운동에 빠져 사는 것도 쾌락입니다. 심지어 지식적인 만족을 누리려 하는 것도 쾌락이라고 할 수 있습니다. 이 모든 행위의 목적이 내가 즐거워하려고 하는 것이기 때문입니다.

하나님이 인간을 창조하신 목적은 하나님과 사람이 서로 깊이 사귀며 친하게 지내시려는 것이었습니다. 그래서 인간의 삶의 목적은 나를 창조하신 하나님을 영화롭게 하고 그분을 즐거워하는 것입니다. 하나님을 좋아하면 좋아할수록 좋은 것입니다. 하나님을 좋아하면서 그분이 창조하신 세계를 조금 틈을 내서 좋아하는 것은 괜찮습니다. 하지만 세상을 사랑하는 농도가 하나님보다 짙으면 문제가 됩니다.

하나님이 세상과 벗하지 말라고 하신 것은 다 이유가 있습니다. 그것은 이 세상이 죄를 범했고 타락했기 때문입니다. 순수성을 잃어버린 세상이기 때문입니다. 심각하게 말하면 세상은 항상 하나님의 징계의 대상이었습니다. 하나님은 노아 때도 홍수로 세상을 심판하셨습니다. 하나님이 당신이 택한 백성 이스라엘도 여러 차례 징계하셨습니다. 그리고 이 세상 마지막 때에 불로 심판하겠다고 하셨습니다. 우리나라 역사를 살펴보면 하나님이 징계를 내리신 적이 많습니다.

생각해보십시오. 하나님이 지금 우리가 살고 있는 세상을 훌륭하다고 하실 리가 없습니다. 도덕적으로도 좋은 점수를 주시지 않을 것입니다. 왜냐하면 이 세상에 쾌락주의자가 많고 방종이 너무나 심하기 때문입니다. 성도들도 예외가 아닙니다.

하나님을 깊이 사귀면 그 안에 큰 기쁨과 만족이 있습니다. 그 기쁨은 아무리 시간이 지나도 멈추거나 사라지지 않습니다. 오히려 나이가 들수록 하나님의 은혜가 더 깊이 다가옵니다. 하나님을 가까이 하는 것이 최고의 기쁨이 됩니다. 그래서 이 세상에서 누리는 쾌락이 별것 아니라는 생각에 이르게 됩니다. 하나님께 가까이 나아갑시다. 참 행복은 거기에 있습니다.

부지런함

　　하루를 돌아보십시오. 하루를 시작한 지 얼마 되지 않아 어느덧 저녁이 됩니다. 하루하루가 지루하다는 사람도 있지만 결국 시간이 얼마나 빠른지 누구나 고백할 수밖에 없습니다. 우리 인생에도 해가 뜨기 시작한 어린 시절이 있고, 해가 중천에 떠오르는 젊은 날도 있습니다. 그러다 어느덧 해가 뉘엿뉘엿 지는 황혼을 맞이하게 됩니다. 저의 아버지는 2년 전 90세에 소천하셨습니다. 돌아가시기 얼마 전 제게 "어찌하다 보니 내가 벌써 이렇게 되었구나"라고 하시면서 빠르게 지나가는 세월에 대한 감회를 말씀하셨습니다.

저는 스무 살에 신학교에 들어간 이후 지금까지 주님만 바라보며 주의 나라를 위해 살려고 애를 썼습니다. 그러나 지난날을 돌이켜보면 아쉬운 시간이 너무도 많습니다. 상투적인 말이지만 시간을 돌리고 싶습니다. 하지만 지나간 시간은 다시 돌아오지 않습니다. 우리는 선배들의 말을 그대로 따라할 수밖에 없나 봅니다.

지난날을 돌아볼 때 제게 가장 아쉬운 것은 부지런하지 못했다는 것입니다. 지나고 보니 저는 너무 게을렀습니다. 부지런히 살았다고 생각했던 때도 다시 돌이켜보니 게으르게 보낸 시간이 많았습니다. 성경은 "부지런하여 게으르지 말고 열심을 품고 주를 섬기라"(롬 12:11)고 말씀합니다. 주님 나라를 위해 열심을 내라는 말씀이고, 그래야 열매가 있다는 말씀입니다. 그것이 하나님께 제대로 시간을 사용한 삶으로 인정된다는 뜻입니다.

우리는 저마다 자기 삶에서 열심히 사는 부분이 있습니다. 공부를 열심히 하거나 열심히 운동해 성공의 자리에 오릅니다. 집안을 아름답게 꾸미는 데 많은 시간을 투자하기도 합니다. 어떤 사람은 사업을 잘 경영하여 많은 부를 쌓기도 합니다. 그런데 주님은 이런 사람들에게 박수를 치시고 상을 주시고 하늘나라를 예비해주시는 것이 아닙니다.

그 기준은 어떤 일을 하든 그 일의 목적과 결과가 하나님께 영광이 되고 하나님이 기뻐하셨느냐 하는 데 있습니다. 다시 말하면 교회를 지었거나, 신학박사가 되어 후학을 가르쳤거나, 선교사로 일했거나, 평생 신앙생활을 했거나 간에 주님이 불합격이라고 하실 수도 있고, 그 삶에 대해 낙제점을 주실 수도 있다는 것입니다. 사람의 생각과 하나님의 생각은 다릅니다.

우리는 주님 말씀에 귀를 기울여야 합니다. 주님은 우리에게 "나더러 주여 주여 하는 자마다 다 천국에 들어갈 것이 아니요 다만 하늘에 계신 내 아버지의 뜻대로 행하는 자라야 들어가리라"(마 7:21)고 말씀합니다. 우리는 부지런히 살아야 합니다. 그러나 사람들이 보기에 부지런히 살아도 하늘 아버지의 뜻대로 살지 않았다면 게으른 것입니다. 부지런함의 정의를 바로 알아야 합니다.

우리 주변에는 일하기 싫어하는 게으른 사람이 있고, 부지런한 것 같은데도 하나님 앞에서 게으른 사람이 있습니다. 만일 계속 이렇게 산다면 이 땅에서나 하늘나라에서나 영적인 열매와 축복은 없습니다. 진실하고 가치 있는 삶을 살기 원하신다면 주님이 기뻐하실 일을 해야 합니다. 우리는 얼마든지 부지런한 인생을 살 수 있습니다. 게으름에서 벗어나 부지런함으로 가는 길에 오르십시오.

주님을 신뢰하는 자

우리는 고도로 발달한 문명과 번성한 문화 속에서 살고 있습니다. 모든 것이 넉넉하고 화려합니다. 저는 이 세상이 살 만하다고 생각합니다. 우리 선배들은 우리보다 고생을 많이 했습니다. 그러므로 우리는 더 좋은 세상을 만들어가야 합니다. 그러나 우리가 좋은 세상을 만들고 성숙한 믿음으로 성장해가는 데 방해가 되는 것이 여러 가지 있습니다. 그 가운데 하나가 의심입니다. 다른 표현으로 불신이라고 할 수 있습니다.

우리를 의심하게 하는 일들이 세상에 많이 일어납니다. 좋은 식품이라고 해서 큰돈을 들여 샀는데 알고 보니 형편없는 물건인 경우가 있습니다. 주인이 아닌 사람이 상대를 속이고 집을 팔기도 합니다. 이런 일들은 너무 흔해 뉴스에도 나오지 못합니다. 그러니 다른 사람의 말은 아무것도 못 믿고, 교회에서까지 지도자를 의심하며, 나중에는 성경도 믿지 못하고 하나님도 믿지 못하는 마음을 갖게 됩니다. 이것은 좋은 길을 가야 하는 우리 성도에게 큰 숙제입니다.

성경을 보면 사람에게는 원래 의심이 많았습니다. 이 때문에 하나님을 불신하는 상황까지 벌어졌던 것입니다. 하와는 선악과를 먹으면 눈도 밝아지고 하나님처럼 된다고 하는 뱀의 꼬임에 빠졌습니다. 뱀의 말을 들은 하와는 "하나님은 이렇게 좋은 선악과를 왜 먹지 말라고 하셨을까" 하며 하나님을 의심하고 결국 뱀의 꼬임에 넘어갔습니다. 아담과 하와는 결국 벌을 받아 에덴에서 쫓겨났습니다.

세례 요한의 아버지 사가랴는 제사장이었습니다. 그가 성전에서 제사를 드리던 중 천사가 나타나서 아들을 낳을 것이라고 했습니다. 사가랴는 천사를 보고 대화를 할 수 있을 정도의 영적인 사람이었는데도 그 말씀을 믿지 못했습니다. 그는 결국 벌을 받아 세례 요한이 태어날 때까지 말을 할 수 없었습니다.

예수님의 제자 도마가 주님이 부활하신 것을 믿지 못한 일화는 유명합니다. 이 모든 일을 볼 때 의심 혹은 불신은 어느 시대에나, 어느 누구라도 지을 수 있는 죄입니다.

의심이 우리 믿음에 걸림돌이 되는 것은 의심 때문에 믿음으로 앞으로 달려 나가지 못하고 그 자리에서 맴돌거나 주저앉게 되기 때문입니다. 의심은 다리의 힘을 빠지게 합니다. 천성을 향해 열심을 다해야 하는데 앞으로 내딛지 못하고 두리번거린다면 주님의 뜻을 이룰 수 없습니다. 그렇게 해서는 주님이 맡겨주신 달란트를 빼앗길 수 있습니다. 그렇다면 천국에서 우리는 초라한 성적표를 받을 수밖에 없고 주님의 상급은 아예 기대조차 할 수 없게 됩니다. 의심이 만들어내는 비극이 이런 것입니다.

우리는 아무거나 믿고 따라가면 안 됩니다. 그러나 성경이 말씀하신 것 그리고 깊이 기도하는 가운데 깨닫는 주의 음성은 우리가 신뢰할 수 있습니다. 그리고 수십 년 동안 경건하게 살아온 사람들의 영적 지도는 우리가 신뢰할 수 있습니다. 사도 바울은 자신의 달려갈 길을 다 달리고 믿음을 지켰다고 고백했습니다. 그는 멋진 신앙의 선배입니다. 우리도 우리가 갈 길을 의심 없이 달려가야 합니다. 살아계신 주님이 힘을 주실 것입니다.

거룩한 두려움

　성도들이 예수님을 믿고 신앙생활을 해나갈 때 하나님은 그 길을 잘 가도록 복을 주시고 붙잡아주십니다. 이와 반대로 사탄은 성도들이 하나님의 말씀대로 살지 못하도록 훼방합니다. 영적으로 조금만 깨어 있어도 우리 삶에 임하는 사탄의 방해가 어떤 것인지 알 수 있습니다.

　베드로전서 5장 8절을 보면 "너희 대적 마귀가 우는 사자 같이 두루 다니며 삼킬 자를 찾나니"라고 했습니다. 우리는 이러한 사탄의 공격을 가만히 앉아서 당해서는 안 됩니다. 성경은 믿음을 굳건히 하여 사탄을 대적하라고 가르쳐줍니다. 그러므로 성도는 주님이 주시는 은혜로 강해져서 마귀와 싸우고 세상과 싸워 승리해야 합니다. 하지만 우리는 마귀와의 싸움이나 고난과 핍박 등에 겁을 내니다. 그래서 마땅히 해야 할 일을 하지 못합니다.

모세의 인도를 받은 히브리 민족은 가데스바네아에서 가나안 땅을 공격해 들어가야 하는데 그들 대다수가 두려워했습니다. 자신들은 가나안 원주민과 싸워서 이길 수 없다고 좌절했습니다. 하나님은 할 수 있다고 하셨는데도 하나님을 믿는다는 그들은 그분의 능력을 믿지 못하고 세상과 원수를 두려워한 것입니다. 그들은 결국 그 땅을 얻지 못한 채 40년이라는 시간을 낭비하고 말았습니다.

그들은 진정 두려워해야 할 대상이 무엇인지를 몰랐습니다. 우리가 진정 두려워해야 할 대상은 하나님이십니다. 하나님은 우리를 죽이기도 하시고 살리기도 하시는 분입니다. 우리를 가난하게도 하시고 부하게도 하십니다. 충성된 자에게는 복을 주시고 죄를 짓는 자는 징계하시며 심판하시는 분입니다. 모든 역사가 주의 손에 달려있습니다. 그러므로 우리는 하나님을 두려워해야 합니다. 이것은 거룩한 두려움이고 유익한 두려움입니다.

구원받은 사람조차도 두렵고 떨림으로 구원을 이루어가야 합니다. 하나님을 두려움으로 섬긴다면 하나님이 그 사람을 크게 사랑해주시고, 마귀와 싸우고 세상과 싸워 이길 힘과 능력을 주십니다. 그리고 우리가 달려갈 길을 잘 갈 수 있도록 강함과 담대함 그리고 용기를 주십니다.

하나님을 향한 거룩한 두려움을 갖게 되면 반대로 마귀를 두려워하지 않게 됩니다. 그리고 세상도 두렵지 않게 됩니다. 설령 세상의 훼방으로 고난과 어려움이 닥쳐도 두렵지 않습니다. 가난해지고 망하게 되어도 낙망하지 않습니다. 그것은 하나님의 능력과 권세와 도우심을 알기 때문입니다.

그러므로 이 험악한 시대, 사탄의 역사가 강력한 이 시대에 이긴 자로 살고 싶다면 강하고 담대해야 합니다. 그래서 여호수아처럼 힘차게 달려 나가는 군사가 되어야 합니다. 용기 있는 자만이 원수와 싸워 이길 수 있고, 하나님이 명령하신 것을 이루어드릴 수 있습니다. 그리고 하나님이 주시는 복을 내 것으로 삼을 수가 있습니다. 우리는 이 길을 당당히 가야 합니다. 천국은 침노하는 자의 것임을 잊지 맙시다.

풍성함

　기독교는 축복과 관계가 많은 종교입니다. 하나님을 잘 믿으면 형통하게 되는데, 하나님은 재물도 허락하셔서 우리를 넉넉하고 풍성하게 하십니다. 성경을 보면 믿음의 조상인 아브라함은 많은 재물을 소유했습니다. 그의 아들인 이삭과 손자인 야곱과 에서도 많은 재물을 소유했습니다.

　하나님이 믿음의 사람에게 재물을 허락하신다는 말씀은 성경 여기저기에서 확인할 수 있습니다. 전 세계를 살펴보면 대개 하나님을 믿는 국가들이 선진국이거나 부유한 것을 볼 수 있습니다. 물론 다 그런 것은 아니지만, 하나님이 믿음의 가정에 내려

주시는 은혜 가운데 재물도 그 하나입니다.

하나님을 믿고 살아온 저의 인생을 돌아보면 경제적으로 넉넉할 때도 있었고 아주 가난할 때도 있었습니다. 물질 문제로 어려움을 겪는 동안 하나님을 믿는 사람이 왜 이런 어려움과 고통을 겪는 것인지 많은 생각을 하게 되었습니다. 성경을 보면서 그리고 주변 여러 사람들을 보면서 깨달은 것이 있습니다. 그것은 경제적 어려움이나 가난이 결코 우연이 아니라는 것입니다. 특히 가난은 축복이 아닙니다.

성도가 가난한 데는 몇 가지 이유가 있다고 생각합니다. 첫째, 가난의 이유는 내게 있는데, 그것은 사치와 낭비를 하면 가난해지는 것입니다. 또한 게으름도 가난해지는 이유입니다. 성도는 부지런해야 합니다. 성경은 일하기 싫거든 먹지도 말라고 하였습니다. 또 하나는 부정하게 물질을 탐하여 남의 것을 빼앗거나 속여서 물질을 취했을 때입니다. 그런 물질은 하나님이 진노하셔서 얼마 가지 못해 다 잃어버리게 하시고 도리어 가난해지게 하십니다. 또한 남에게 돈을 빌리고 갚지 않으면 신기하게도 가난하게 만드는 영이 역사합니다.

또 다른 하나는 하나님과 관계된 것입니다. 성도는 하나님께 감사도 많이 해야 하고, 주님 나라를 위해 재물도 드려야 합니다. 이것은 하나님이 기뻐하시는 것이고 성경적입니다. 만일 하나님께 인색하여 물질을 드리지 않으면서 이방신을 위해 재물을 사용한다면 이것은 하나님을 진노케 하는 아주 무모한 행동입니다. 우리는 하나님을 믿기 전이나 믿은 후에라도 혹시 이런 행동을 했는지 면밀히 살펴보아야 합니다. 만일 그런 일이 있었다면 큰 죄를 지은 것이므로 석고대죄를 하는 마음으로 깊이 회개해야 합니다. 만일 회개하지 않는다면 궁색함이 평생 그 집에서 떠나지 않을 수 있습니다.

예수님을 믿는다고 하나님이 무조건 부유하게 하시는 것은 아닙니다. 하지만 하나님이 내게 주시려는 물질을 나의 잘못이나 죄 때문에 받지 못한다면 그것은 정말 억울한 것입니다. 하나님은 예수님을 믿지 않는 사람도 물질로 넉넉하게 하시기도 합니다. 그도 하나님의 형상을 따라 창조된 사람이기에 일반적인 은사로서 물질을 주실 수 있습니다. 하나님은 주기를 좋아하시는 풍성한 분입니다. 그러므로 나의 문제를 해결하고 하나님이 주시는 넉넉하고 풍성한 은혜를 받아야 합니다. 기독교는 은혜가 있고 풍성한 종교입니다.

욕심을 버리자

　성도들과 대화를 나누다보면 늘 자기 삶에 만족하고 감사하는 사람이 있습니다. 반면에 늘 무언가 만족스럽지 못한 기색을 보이는 사람도 있습니다. 그들의 생각을 가만히 살펴보면 무언가 더 갖고 싶고, 더 높아지고 싶은 욕심이 있는 것을 발견하게 됩니다. 그가 가지고 있는 정도의 재산이나 환경이면 만족스러울 수 있을 것 같은데도 그렇지 않습니다.

　실제로 우리나라 사람들의 삶에 대한 만족도는 우리보다 경제적으로나 환경적으로 훨씬 못한 나라보다도 떨어진다고 합니다. 우리 사회나 교회는 채우지 못한 공허함을 많이 갖고 있는 듯합니다. 이러한 태도는 욕심에서 비롯됩니다.

욕심은 하나님이 허락하시지 않은 것까지 갖고 싶어 하는 마음입니다. 또한 자신이 가질 수 없거나 관리할 수 없는 것까지 소유하려는 마음이므로 결코 칭찬받을 수 없는 마음입니다. 야고보서 1장 15절을 보면 "욕심이 잉태한즉 죄를 낳고 죄가 장성한즉 사망을 낳느니라"고 했습니다. 욕심을 소유하면 죄를 짓게 됩니다. 그리고 죄를 짓는 횟수가 늘어나면 돌이킬 수 없는 문제들이 발생합니다.

욕심은 여러 방면으로 영향을 끼칩니다. 물질을 많이 소유하려는 욕심이 탐욕입니다. 탐욕은 하나님과의 관계를 멀어지게 하며 성도의 거룩함을 추구하는 데 큰 방해가 됩니다. 탐욕의 사람은 하나님 나라를 사모하는 일이 거의 불가능합니다. 욕심은 명예에도 영향을 끼쳐서 어디를 가도 명예욕에 사로잡히게 하는데, 이것은 공동체를 와해할 수 있는 악한 일입니다. 욕심은 외모나 성적인 것에도 나타납니다.

특히 위험한 것은 교회 안에서나 하나님의 일에도 욕심을 부리는데, 사람들은 이것을 거룩한 욕심이라는 말로 미화하거나 칭찬합니다. 거룩한 욕심이라는 말 자체를 경계해야 합니다. 왜

냐하면 그것은 여러 부작용을 내포하고 있기 때문입니다.

    욕심이 많은 사람에게 나타나는 특징이 하나 있습니다. 그것은 시기와 질투입니다. 그러므로 욕심이 많은 사람은 남이 잘되는 것을 싫어합니다. 배 아파합니다. 자기 배를 채워야 하는데 남의 배가 채워졌으니 배가 아픈 것입니다. 로마서 16장 18절을 보면 세상을 좋아하는 사람들을 가리켜 "다만 자기들의 배만 섬기나니"라고 했습니다. 빌립보서 3장 19절은 "그들의 신은 배"라고 했습니다. 이 모두를 종합하면 이 세상에서 욕심이 많은 사람은 자기의 배를 신, 즉 하나님으로 섬긴다는 말입니다. 하나님을 믿거나 교회생활을 하거나 봉사를 해도 결국 자기 배, 즉 욕심을 위해서 한다는 무시무시한 말이 됩니다. 그런 욕심의 사람은 하나님께도, 교회 공동체에도 그리고 자신에게도 전혀 유익이 되지 않습니다.

    결국 욕심은 사탄이 주는 마음입니다. 욕심은 성격도 아니고 경향도 아니고 스타일도 아닙니다. 그것은 죄일 뿐입니다. 욕심의 사람은 무슨 일을 해도 하나님께 영광이 되지 않습니다. 그가 제아무리 위대한 업적을 이룬 것 같아도 하나님께 도리어 책망 받을 가능성이 많습니다. 하나님 앞에서 우리 마음의 상태를 살펴봅시다. 그리고 내 욕심이 아닌 하나님의 뜻을 따라 살아갑시다. 분명 삶에 많은 열매가 나타날 것입니다.

기다림

우리 사회의 특징 가운데 하나는 모든 것이 빠르게 움직인다는 것입니다. 이것은 현대 사회의 일반적인 모습이기도 합니다. 쭉 뻗은 넓은 길을 몇 년 만에 건설합니다. 허허벌판에 아파트 단지가 들어서는 데 몇 년이 걸리지 않습니다. 덕분에 우리는 부산이나 목포 같은 우리나라 가장 남쪽에서 수도권까지 불과 몇 시간 만에 이동할 수 있습니다. 초고속 인터넷망은 세계 최고 수준입니다. 무슨 일이든 신속하고 빨리 이루어집니다.

속도 면에서 우리 사회는 대단한 역량을 소유했다고 할 수 있습니다. 이렇게 빨리 움직이는 세상에서 조금만 지체하고 미적

미적한다면 우리 자신이나 우리가 하는 일은 순식간에 뒤처지고 말 것입니다. 때문에 우리는 언제나 위기 의식을 느끼면서 자기 인생 목표를 속히 성취하고 싶어 합니다.

대학에 들어간 젊은이들은 빨리 졸업해서 직장에 들어가거나 개인 사업을 해서 속히 성공하고 싶어 합니다. 사회 분위기를 보면 그것은 정상적인 마음이기도 합니다. 하지만 이런 상황 속에서 우리는 한 번쯤 나 자신을 돌아보는 것이 필요합니다. 그리고 하나님의 뜻과 손길을 살펴보아야 합니다. 하나님은 성도들을 어떻게 인도하실까요?

믿음의 조상 아브라함은 하나님이 축복하신다는 약속을 믿고 갈대아 우르를 떠나 가나안 땅으로 갔습니다. 그러나 하나님의 축복은 속히 이루어지지 않았습니다. 아브라함은 땅 한 평도 소유하지 못한 채 떠돌이 생활을 했습니다. 하지만 오랜 세월 끝에 거부가 되었습니다. 그런 그도 아들을 주시겠다는 약속은 기다리지 못했습니다.

그는 75세에 그 약속을 받고 10년을 기다렸습니다. 하지만 결국 85세에 아내가 아닌 하갈을 통해 이스마엘을 얻었습니다. 하나님은 그의 아내인 사라를 통해 아들을 주겠다고 하셨는데 그는 조급하여 기다리지 못했습니다. 조급함이 문제입니다. 나중에 사라가 이삭을 낳고 나서 집안에 문제가 생겼습니다. 약속의 아들 이삭과 약속의 아들이 아닌 이스마엘이 충돌한 것입니다. 그 일은 그 당시로 끝나지 않고 그 후손에게까지 이어져 지금까지도 계속 충돌하고 있습니다. 이 모두가 기다리지 못한 조급함 때문입니다.

마음이 조급해지면 어리석어집니다. 중요한 결정을 할 때 실수합니다. 일찍 성취하려고 조급해하다가 오히려 일을 망칩니다. 그리고 그 후유증으로 많은 사람을 고통스럽게 합니다. 조급하면 마음이 불안해집니다. 때문에 하나님께 의탁하지 않고 인간적인 방법을 쓰게 됩니다. 그래서 하나님을 위한다고 하면서도 서두르다가 문제를 일으키고 도리어 하나님의 영광을 가리게 됩니다. 이렇게 조급함은 가정에서도 교회 공동체에서도 하나님의 일에 열매를 맺지 못하게 합니다.

진실한 성도는 가정일이든 사업이든 하나님의 일이든 신중하게 처리해야 합니다. 그리고 씨를 심으면 자라는 시간이 있어야 열매를 맺는다는 것을 기억하고 기도하면서 기다려야 합니다. 우리는 열심히 노력해야 하지만, 모든 일을 하나님께 맡기고 하나님이 일하시기를 기다리는 것이 일이 이루어지는 이치입니다. 그렇게 할 때 하나님이 때가 되면 큰 은혜를 주십니다. 기다릴 줄 아는 성도가 열매를 얻습니다.

말을 아끼자

　하나님은 인간을 멋지게 창조하셨습니다. 그 가운데 다른 동물들과 비교도 안 될 정도로 탁월한 것은 말을 할 수 있다는 것입니다. 어떤 학자는 짐승들도 말을 할 수 있다고 하는데 그것이 사실이더라도 인간이 가진 말의 능력과는 감히 비교할 수가 없습니다.

　우리는 말로 지식을 전할 수 있고 자기 의견을 상대에게 표현할 수 있습니다. 다른 사람과 교제할 때도 말로 할 수 있다는 것은 환상적인 일이라고까지 할 수 있습니다. 무엇보다 입으로 하나님을 찬양하고 주님을 고백하고 기도할 수 있어서 너무나 좋습니다. 그리고 하나님을 증거할 수 있어서 좋습니다. 우리는 말을 잘 사용하여 멋지게 인생을 살아야 합니다. 하지만 우리는 말에 실수가 많습니다. 말에 실수가 없다면 그 사람은 온전한 사람입니다. 이처럼 사람이 말로 실수하지 않기는 쉽지 않습니다.

성경에 나오는 위대한 인물들도 말에 실수가 많았습니다. 그 말의 실수로 서로 사이가 나빠지기도 했고, 사람이 죽기도 했으며, 전쟁이 벌어지기도 했습니다. 그러므로 말을 할 때는 조심하여 서로에게 덕이 되고 유익이 되도록 해야 합니다.

말에서 제일 문제가 되는 것은 수다입니다. 말이 많다보면 다른 사람을 비판하거나 잡담하게 되고 시간을 낭비하게 됩니다. 말쟁이가 되면 주변이 시끄러워지고 다툼이 일어날 가능성이 많습니다. 특히 다른 사람의 비밀과 죄를 누설하게 됩니다. 이것은 큰 죄입니다. 다른 사람의 죄와 허물을 덮어주는 것이 성도인데, 그 죄를 들추거나 소문을 낸다는 것은 추악한 행위입니다.

제 생각에 한국교회가 고쳐야 할 문제 중에 하나가 다른 사람의 죄나 다른 교회의 잘못을 들추어내고 소문내고 비판하는 것입니다. 그들은 정의를 세우고 교회를 바르게 한다는 명분을 내세우지만 그 안에 사랑이 없습니다. 오히려 시기와 질투, 남이 잘되지 않았으면 좋겠다고 하는 경쟁심이 도사리고 있는 경우를 많이 보았습니다. 이런 신앙 형태는 모두를 망하게 하는 길이 될 수 있습니다.

하나님이 허락하신 우리의 입과 말은 정말 소중합니다. 우리 주변에는 상처받은 사람들이 많습니다. 그들을 치료해줄 수 있는 따뜻한 말이 필요합니다. 실패하고 좌절하는 사람에게 용기를 주고 위로를 주는 말이 필요합니다.

주변을 둘러보면 신앙생활을 하다가 낙심하고 신앙에서 멀어지는 사람들이 많습니다. 그들을 결코 그대로 떨어지도록 두어서는 안 됩니다. 그들의 영혼을 옳은 데로 데려올 수 있는 영적이면서도 설득력 있고 품위 있는 말이 필요합니다.

말 한 마디에 천 냥 빚을 갚는다는 말이 있습니다. 그만큼 말에는 능력이 있습니다. 우리는 지금 몇 점짜리 언어생활을 하고 있는지 살펴봅시다. 그리고 주님이 얼마나 칭찬하실지를 생각해봅시다. 우리는 우리 입을 마귀에게 빼앗길 수도 있고 성령에 사로잡힐 수도 있습니다. 모두를 기쁘게 하는 열매 맺는 입이 됩시다. 아름답고 은혜로운 언어생활로 주변을 밝히는 우리가 됩시다.

의인의 간구

이 세상에는 많은 종교와 신앙 집단이 있습니다. 그리고 그들이 추종하는 신앙의 대상이 있는데, 그들은 그 대상에게 기도를 합니다. 우리 기독교도 예외가 아닙니다. 기도는 예배 때에도 그리고 평상시에도 신앙생활에서 결코 빼놓을 수 없는 중요한 신앙 행위입니다.

우리는 우리 소원을 가지고 하나님께 기도합니다. 하지만 문제는 아무리 기도를 해도 응답이 없는 것입니다. 자기가 기도하는 대로 하나님이 소원을 이루어주셨다는 말은 흔히 들을 수 없는 말입니다. 이런 상황에 부딪히면 우리는 기도에 힘쓰지 않게 됩니다.

그런데 우리의 기도 생활을 살펴보면 기도 시간이 부족한 경우가 많습니다. 진실한 마음으로 하나님께 기도하면서 영적인 교통을 하고 간구도 하면서 하나님의 응답도 받으면 얼마나 좋을까요. 사실 기도가 이루어져야 신앙생활이 재미있고 활기가 넘칩니다. 무엇을 해라, 하지 마라는 말씀만 듣는다면 신앙생활이 부담스럽고 답답하게 느껴질 것입니다.

어떤 사람들은 기도수첩에 기도의 내용과 날짜를 기도할 때마다 적어놓습니다. 그리고 하나님이 언제 응답하셨는지 기록합니다. 신기한 것은 몇 년이 지나고 보면 하나님이 간구한 대로 거의 다 응답해주셨다는 것입니다. 그렇다면 그는 행복한 성도라고 할 수 있습니다.

어떤 성도가 기도 응답을 잘 받을까요. 아마 모두가 궁금해 할 것입니다. 야고보서 5장 16절을 보면 "의인의 간구는 역사하는 힘이 크다"고 했습니다. 그러고는 엘리야 선지자의 비유를 들었습니다. 의인이라고 할 수 있는 엘리야가 비가 오지 않기를 기도하자 3년 6개월간 이스라엘에 비가 오지 않았습니다. 그리고 나중에 다시 비가 오기를 위해 기도했더니 비가 내렸습니다. 놀

라운 기도의 능력입니다. 똑같은 유대인이요 똑같은 선지자처럼 보이지만 누구에게는 기도의 능력이 있고 누구에게는 없는 것입니다.

응답 받는 기도, 이적이 나타나는 기도를 하기 원한다면 의인이 되어야 합니다. 의인이란 다른 말로 하면 거룩한 사람입니다. 거룩해지면 질수록 의인이 되고, 의인이 되면 될수록 응답 받는 기도의 사람이 됩니다. 이 세상 모든 성도가 기도한 대로 다 응답을 받는 것이 아닙니다. 만일 예수를 믿어도 철저히 회개하지 않았다면 의인이라고 할 수 없습니다.

응답 받는 기도를 위해서라도 성도는 날마다 자신을 깨끗이 해 흠도 없고 티도 없는 거룩하고 깨끗한 그릇으로 만들어가야 합니다. 그리고 주님께 의인이라는 칭호와 인정을 받아야 합니다. 그래야 위대한 기도의 종이 될 수 있습니다.

성도가 드리는 기도의 내용도 중요합니다. 욕심을 버리고 주님 뜻을 따라 기도해야 합니다. 구해도 받지 못하는 것은 정욕으로 쓰려고 잘못 구하기 때문입니다. 하나님이 허락하시는 범위를 욕심으로 넘어서면 응답이 이루어지지 않습니다. 기도와 간구는 하나님이 성도에게 허락하신 큰 선물입니다. 의인의 간구가 이루어져서 응답이 있는 활기찬 신앙생활을 하는 여러분이 되기를 바랍니다.

3부 · 그리스도인으로서의 능력 회복

하나 되기

하나님은 모든 사람이 서로 평화하며 살기 원하십니다. 특히 성도들에게 거는 기대는 더하십니다. 물론 이 세상 어디에서도 경쟁은 다반사이고, 심하면 다투고 비방하며 죽이기까지 하는 일이 벌어지기 때문에 이 세상에서 온전한 평화는 이루어지기 어려울 것입니다. 그렇더라도 주님의 자녀들은 가정에서, 교회에서, 직장에서 평화를 위해 노력해야 합니다.

저는 청소년 시절에 교회 안에서 평화롭지 못한 일을 많이 보았습니다. 성도와 성도, 성도와 목회자, 어느 때는 목회자들 간에 불미스러운 일로 나뉘어 서로를 비판했습니다. 저는 그때 제가 이다음에 교회의 어른이 되거나 목회자가 되면 결코 그렇게 하지 않을 것이라고 결심했습니다. 하지만 세월이 지나 제가 목사가 되어 사역하면서 깨닫는 것은 저 역시도 늘 평화롭게 지내지 못하고 있다는 것입니다. '나도 별수 없는 인간이구나! 이렇게밖에는 살 수 없는 것인가?' 하는 생각에 많이 괴롭고 부끄러웠습니다. 그것은 지금도 마찬가지입니다.

왜 우리는 서로 다투고 싸울까요? 기본적으로 모든 사람이 태어날 때부터 서로 다르기 때문입니다. 정신 연령, 영적 연령, 가정환경이 모두 다른 데서 문제가 발생합니다. 서로 다른 것을 인정하고 조화를 위해 애쓴다면 좋은 환경을 만들 수 있습니다. 그런데 나와 다르면 이상하게 여기고 밀어내며 비판합니다. 더 나아가 서로 원수가 되기도 합니다. 이것은 잘못된 것입니다. 여기에는 분명 악한 요소가 끼어 있으며, 어둠의 영인 사탄이 몰래 가져다준 마음이나 성격, 태도가 있는 것이 분명합니다. 하나님은 성도들이 서로 평화하기를 원하시기 때문입니다.

우리는 불필요하게 그리고 지나치게 상대를 비판하고 무시하면서 불화하고 있지는 않은지 돌아보아야 합니다. 우리는 교회 안에서 자신만의 잣대를 만들어 이 사람 저 사람을 측량하면서 옳으니 그르니 평가하고 있지는 않은지 살펴보아야 합니다. 우리는 정의라는 아주 멋진 명분을 내걸고 이 나라 여러 지도자들을 판단하고 모욕하며 심하면 저주하고 있지는 않은지 스스로 돌아보아야 합니다. 이런 행동들이 화목을 깨뜨리고 모든 공동체를 불화의 화덕으로 그리고 가시덤불로 만드는 주범이라고 할 수 있습니다.

더 큰 문제는 하나님의 집이요 구원받은 사람들의 모임인 교회가 다른 교회를 함부로 헐뜯고 비판하는 것입니다. 다른 교회에서 무슨 단점이라도 발견하면 무슨 큰 실적이라도 올린 듯이 소문을 내고 비판합니다. 그러면서 싸웁니다. 하나님의 자녀들끼리 부모 되신 하나님 앞에서 서로 싸우는 불효막심한 행태를 보이는 것입니다. 이것은 하나님께 고개를 들 수 없는 행동이며, 세상 사람들에게도 비난받을 수밖에 없는 일입니다. 성도가 서로 싸우고 다투는 것은 정말 삼가야 합니다.

이 세상 누구도 완전한 사람은 없습니다. 그리고 어떤 교회도 완전하지 않습니다. 모두 다 부족하고 실수가 많으며 어설픕니다. 그런 모습이 보이면 그것은 기도하고 격려할 일이지 여기저기 소문을 내면서 고소해한다면 그는 하나님의 자녀인지 의심해보아야 합니다. 자기 집이 불타는데 웃을 사람이 없기 때문입니다. 모든 교회는 하나님의 집입니다. 누가 뭐라고 해도 교회가 이 시대의 희망입니다. 우리는 싸움꾼이 되지 말고 화목의 사자가 되어야 합니다.

건강하게 삽시다

우리가 인생을 사는 동안 해야 할 일이 많이 있지만 그 가운데 가장 중요하면서 반드시 해야 할 일이 있습니다. 그것은 창조주이신 하나님을 알고 섬기는 일입니다. 하나님은 이 세상을 창조하셨을 뿐 아니라 지금도 살아계셔서 이 세상을 통치하십니다. 특히 하나님을 믿는 성도들에게 아주 큰 관심을 가지고 계십니다. 약할 때는 강하게 하시고, 가난할 때는 부하게 하시며, 갈 길을 모를 때는 길을 안내해주십니다. 지혜가 필요할 때는 지혜를, 능력이 필요할 때는 어김없이 능력을 주십니다. 이 모든 것을 종합해보면 하나님과 성도는 아버지와 자녀의 관계라고 할 수밖에 없습니다.

우리는 날마다 하늘 보좌에 계신 하나님 아버지의 이름을 부르며 그분의 통치를 기다려야 합니다. 그렇게만 한다면 나에게 그리고 공동체에 분명 좋은 일들이 일어날 것입니다. 하나님이 어려운 문제들도 분명 해결해주실 것입니다.

주변을 둘러보면 몸이 아프신 분들이 종종 보입니다. 그 질병 때문에 교회 출석에도 지장을 받고 하나님의 일에도 지장을 받습니다. 나이가 드셨다면 혹시 모르지만 아직도 열심히 활동할 수 있는 나이인데 제약을 받는 것을 보면 너무 안타깝습니다.

하나님이 함께해주시는 사람이, 또한 하나님을 믿으면 좋은 일이 생기는데도, 만일 질병으로 고생하면서 하나님께 충성할 수 없다면 이것은 개선해나가야 하는 일입니다. 성경을 보면 예수님은 많은 사람의 병을 치료해주셨습니다.

그 치유의 능력은 제자들에게도 나타났습니다. 초대교회에는 병을 치료하는 지도자들이 많았습니다. 야고보서 5장 14절을 보면 "너희 중에 병든 자가 있느냐 그는 교회의 장로들을 청할 것이요"라고 했습니다. 그러면 장로들은 병자에게 주의 이름으로 기름을 바르고 그를 위해 기도하라고 했습니다. 믿음의 기도는 병든 자를 구원하기 때문입니다. 기독교에는 이처럼 기도하여 병을 고치는 신비한 역사가 있습니다. 그래서 교회는 세상과 다르고 신비한 곳입니다.

우리 인생은 정말 순식간에 지나갑니다. 살아있는 동안 주의 나라를 위해 충성할 시간은 그리 많지 않습니다. 충성하려면 무엇보다 건강해야 합니다. 가능한 좋은 음식도 많이 먹고 적당히 운동도 하면 좋겠습니다. 그리고 정기적으로 건강 진단도 받으면 좋겠습니다. 그리고 가끔 쉬기도 해야 합니다. 만일 그렇게 신경을 썼는데도 아프다면 당연히 병원에도 가고 처방도 받아야 합니다. 혹시 수술을 할 수도 있습니다. 어쨌든 이 땅에서 열심히 그리고 의미 있게 살아야 합니다.

주님은 우리가 어떤 상황에 있더라도 우리 곁을 지키십니다. 그리고 건강을 지켜주십니다. 건강한 사람이나 질병으로 고통당하는 사람이나 아니면 몸이 점점 약해진다고 생각되는 사람이 있다면 주님께 기도해야 합니다. 몸이 허약한데도 주님께 치료해달라고 구하지 않는다면 그것이 비정상입니다. 주님은 우리의 기도를 들으시고 우리의 힘이 되어주십니다.

상처를 이기자

성도는 하루하루를 주님이 주시는 힘으로 능력 있고 활기차게 살아야 합니다. 경제가 어려워도, 자기가 세운 계획이 어긋나도 늘 감사와 기쁨을 유지해야 합니다. 성도이면서도 환경에 영향을 받아 위축되고 힘을 잃는 경우가 있는데 그 원인 중 하나가 마음에 있는 상처 때문입니다. 육신의 상처는 치료하면 대부분 회복되지만 마음의 상처는 쉽게 치료되지 않습니다.

마음의 상처는 무엇일까요? 그것은 마음에 크고 작은 충격을 받은 것입니다. 자기도 모르는 사이에 상처가 더 깊어지고 치료가 어려운 상태에 이르기까지 합니다. 이 상처는 신앙생활에 손실을 가져오는 나쁜 재료가 됩니다.

사람이 상처를 받는 통로는 많습니다. 다른 사람의 비판을 받거나 무시당할 때 상처를 받습니다. 그리고 축하해주고 싶지 않은 사람이 형통하고 성공할 때 상처가 됩니다. 이렇게 외부 요인으로 인한 상처도 있지만 스스로 상처를 초래하기도 합니다. '나는 왜 성공하지 못했을까? 내 모습은 왜 이렇게 초라할까' 같은 생각들입니다. 나이가 어리건 들었건 간에 어느 때라도 우리는 상처받을 수 있습니다. 하지만 같은 상황에서도 상처를 많이 받거나 적게 받는 것은 사람마다 다릅니다. 개인마다 큰 차이가 있습니다. 상처를 덜 받는 사람이 훨씬 더 좋습니다.

저는 목회를 하면서 상처를 잘 받는 사람에 대해 생각을 많이 해보았습니다. '왜 저 성도는 사소한 일에도 상처를 받았다고 말할까. 쉽게 위축되고 참담해하며 앞으로 전진하지 못할까. 그리고 다른 사람의 마음을 힘들게 할까. 왜 엉뚱한 행동을 하고 심지어 과격한 행동까지 서슴지 않을까' 하는 생각들이었습니다.

제가 여러 일들을 접하며 깨달은 것은 상처를 잘 받는 사람은 이미 받은 상처가 많다는 것입니다. 상처가 쌓인 만큼 상처를 잘 받는 것입니다. 다시 말하면 상처를 잘 받지 않는 사람은 받은 상처가 많지 않아서 가슴에 상처가 별로 없다는 것입니다. 상처를 잘 받는 사람은 이미 그 마음속에 수많은 상처가 있고, 상처로 그 마음에 피가 흐르는 상태이기까지 한 것입니다.

특별히 거절을 많이 당한 사람이 상처를 잘 받습니다. 부모님이 일찍 세상을 떠난 사람, 사랑하는 사람이 떠난 사람, 또는 사랑받지 못한 사람입니다. 또 하나는 열등감이 많은 사람이 상처를 잘 받습니다. 자신에 대한 자존감이 떨어져서 자기가 남에게 대우를 받지 못한다고 생각되면 상처를 받습니다.

또 하나는 상처받는 그 자신이 아직도 교만하거나 욕심이 많거나 시기질투가 많아서입니다. 회개를 통해 그것을 해결하지 못하면 그 마음 때문에 계속 고통을 받게 됩니다. 이것은 자기 죄 때문에 당하는 고통이기에 스스로 해결해야 합니다.

우리 주변에 상처받고 고통당하는 사람이 많다는 것을 잊어서는 안 됩니다. 남에게 상처를 주는 행동은 금하고, 상처받은 영혼을 감싸고 위로해야 합니다. 우리가 말과 행동에 조금 더 신경을 쓰고 서로 사랑하고 위로한다면 마음의 상처는 치료될 것입니다.

전신갑주를 입자

성도가 하나님을 믿고 신앙생활을 하면 하나님과의 관계에서 다양한 관계가 설정됩니다. 가장 먼저 하나님은 우리를 지으신 자요, 우리는 그분의 손으로 지음받은 자가 됩니다. 또한 죄로 죽었던 우리를 하나님이 건지셨으니 구원자와 구원받은 자의 관계가 됩니다. 하나님은 우리의 목자이시고 성도는 그분의 양 떼입니다. 주님은 우리의 신랑이시고 성도는 그분의 신부가 됩니다. 주님은 우리의 선생이시고 성도는 그분의 제자가 됩니다.

이 외에도 많이 있지만 결코 빼놓을 수 없는 것이 있습니다. 그것은 영적 전쟁에서 나타나는 관계인데, 주님은 우리의 대장

되시고 성도는 그리스도의 군사가 됩니다. 그리스도의 군사가 되어 마귀와 싸워 승리해야만 참 성도라고 할 수 있습니다. 이렇게 승리하는 삶을 살려면 우리는 하나님이 주시는 전신갑주를 입어야 합니다. 이것은 마귀와 잘 싸우기 위해 입는 영적 갑옷이라고 할 수 있습니다. 갑옷도 아주 좋은 갑옷을 입어야 마귀의 공격을 이겨낼 수 있습니다.

영적 전쟁은 눈에 보이지 않는 것 같지만, 실제로는 정말 치열한 싸움이 벌어지고 있는 전쟁입니다. 우리 주변에는 마귀와 싸워 승리하는 사람도 있지만, 마귀의 공격을 받고 비틀거리는 사람도 있으며, 아예 패배하여 나락으로 떨어진 사람도 있습니다. 그래서 사도 바울은 마귀의 간계를 대적하기 위하여 하나님의 전신갑주를 입으라고 말했습니다.

군인은 허리띠를 맵니다. 그것도 든든하게 매야 전투를 잘할 수 있습니다. 이와 같이 허리띠를 든든히 매고 영적 전투를 잘하려면 진리를 알아야 합니다. 특히 하나님에 대해 그리고 마귀에 대해 잘 알아야 합니다. 하지만 우리는 마귀에 대해 잘 모를 뿐 아니라 알려고 하지도 않습니다.

또한 가슴에 호심경을 붙여야 하는데 그것은 우리의 심령을 보호하는 도구입니다. 우리 마음이 흔들리지 않고 강해야 합니다. 또한 군인은 군화를 신는데 그래야 어떤 환경에서도 다치지 않고 강하게 나아갈 수 있습니다. 좋은 군화를 신는 길은 복음으로 무장하는 것입니다. 그리고 믿음의 방패를 갖추어야 합니다. 그래야 마귀가 쏘는 불화살을 막을 수 있습니다. 우리에게 강력한 믿음이 있어야 마귀를 이길 수 있습니다.

더 중요한 것은 구원의 투구를 쓰는 것입니다. 사탄은 구원받지 못하도록 불화살을 쏘겠지만 우리는 예수 그리스도만이 구원자 되심을 굳게 믿어야 합니다. 이제 우리에게는 마귀를 공격할 무기가 필요한데 바로 칼입니다. 칼로 마귀의 세력을 무찔러야 나와 가정과 교회 그리고 국가를 보호할 수 있습니다. 우리는 사탄과 싸워도 부러지지 않고 악한 세력을 멸할 수 있는 칼을 소유해야 합니다. 이 칼의 재료는 성령이고 하나님의 말씀입니다. 예수님도 사역을 하실 때 항상 성령의 도우심을 받았고 우리에게도 보내주시겠다고 약속하셨습니다. 성령 충만하고 말씀에 붙잡혀야 영적 전쟁에서 승리할 수 있습니다.

지금 우리는 마귀와 한판 전투를 벌이고 있습니다. 그 전투에서 이기는 자도 있고 패하는 자도 있습니다. 부상을 당해서 누워

있거나 전투를 포기하고 도망치는 사람도 있습니다. 우리는 예수 그리스도의 부르심을 받은 강한 군사가 되어 최후의 승자로 서야 합니다.

은사를 받자

 지구 온난화의 여파로 여름을 나기가 쉽지 않습니다. 더위에 지치면 모든 일에 의욕도 떨어지고 입맛도 잃게 됩니다. 우리는 무더위를 이기는 방법으로 에어컨을 틀거나 시원한 물을 마시거나 차가운 물에 들어갑니다. 시원한 물이 없는 여름은 생각조차 할 수 없습니다.

 애굽을 나온 이스라엘 백성은 가나안 땅으로 가던 도중 마실 물이 없어서 큰 고통을 겪었습니다. 르비딤에서 그 일이 벌어졌습니다. 마실 물도 없고 샤워도 할 수 없는 광야에서의 고통은 대단히 컸을 것입니다. 그래서 그들은 마실 물을 찾다가 모세를 원망했습니다. 물론 하나님은 지도자 모세를 통하여 반석에서 물을 제공해주셨습니다. 바울은 이 반석을 예수 그리스도라고 했습니다. 반석 되신 예수님은 시원한 물인 생수를 자기 자녀들에게 주시기 때문입니다(고전 10:4).

반석 되시는 주님은 오늘날에도 성도들의 영적 갈증과 지치고 힘든 육신을 해소해주시는 생수를 주십니다. 성도는 주님께 나아가 우리를 살리시는 생명의 물을 꼭 마셔야 합니다.

자주 낙심하는 사람이 있습니다. 생기도 없고 의욕도 없이 사는 사람이 있습니다. 예수님을 믿으면 감사와 기쁨이 넘쳐나야 하는데 그런 모습을 아예 기억도 못하는 것처럼 사는 사람이 있습니다. 주변 사람들에게 생동감과 시원함을 주지 못하고 오히려 주변을 우울하게 하고 어둡게 합니다. 왜 그럴까요? 그것은 그가 처한 환경 때문이 아니라 반석 되신 예수님에게서 생수를 공급받지 못해서입니다. 주님이 주시는 시원한 물을 마신다면 그런 어둠에서 얼마든지 벗어날 수 있습니다. 때문에 내가 살고, 가정이 살고, 내 주변이 살기 위해서는 주님을 찾고 주님께 가까이 나아가야 합니다.

우리가 주님을 사랑하고 깊이 기도하면 주님은 우리 마음의 그릇에 생수를 부어주십니다. 주님을 간절히 사모하고 사랑할수록 내 심령의 그릇에 물을 부어주십니다. 생수를 많이 공급 받으려면 우리의 마음을 넓혀야 합니다. 주님도 사랑하고, 이웃도 사랑하며, 주님께 헌신하고, 고난도 이겨내야 합니다. 그렇게 할 때 마음의 그릇이 커지고 넓어집니다.

또 하나는 우리 가슴을 깨끗이 해야 주님이 생수를 부어주십니다. 회개할 때 우리의 심령이 청소됩니다. 이 두 가지, 즉 마음도 넓히고 마음을 깨끗이 한다면 반석 되신 주님에게서 생수가 부어질 것입니다.

우리 가슴에 생수가 넘치면 부정적인 생각이 들지 않습니다. 그리고 날마다 감사와 기쁨이 넘치게 됩니다. 그렇게 되면 우리를 만나는 사람마다 시원함을 느끼고 생수를 마신 것처럼 똑같이 시원해집니다. 우리에게는 이런 생수를 공급해주는 사람이 필요합니다. 그리고 이런 사람이 많아야 우리 가정과 교회 그리고 이 나라가 밝아집니다.

내가 먼저 가슴에 생수를 채우지 않는다면 다른 사람에게 나누어줄 수 없습니다. 그리고 가진 생수가 적다면 남을 위해 조금만 일해도 생수가 쉽게 고갈됩니다. 만일 사역자가 고갈된다면 주의 나라에서 생기가 사라질 것입니다. 성도가 활기차고 충만하게 일할 수 있는 길은 바로 생수를 마시는 것입니다.

척박하고 후덥지근한 사회, 무겁고 짜증이 나는 사회에 우리가 생수를 제공하는 사람이 됩시다. 하나님을 시원하게 해드리고, 이 사회를 시원하게 하는 사람이 됩시다.

은사는 하나님의 성품이다

성경을 보면 하나님은 우리 인간을 창조하셨다고 말합니다. 게다가 하나님은 우리를 그분의 형상을 따라 창조하셨다고 합니다. 이것은 인간 된 우리에게 너무나 감사하고 기뻐할 일입니다. 하나님이 우리를 말 못하는 돌이나 나무처럼 만들지 않으시고, 이리나 늑대처럼 만들지 않으시고 하나님을 닮게 하셨으니 보통 기뻐할 일이 아닙니다. 성경에 기록된 하나님의 성품을 보면 우리가 하나님을 상당히 닮은 것이 틀림없습니다.

그래서인지 하나님은 "내가 거룩하니 너희도 거룩하라"(레 11:45)고 하셨습니다. 우리가 하나님의 성품을 가질 수 있고 닮을 수 있다는 말씀입니다. 예수님도 제자들에게 "나를 믿는 자는 내가 하는 일을 그도 할 것이요 또한 그보다 큰 일도 하리니"(요 14:12)라고 말씀하셨습니다. 예수 그리스도를 온전히 믿고 따르는 사람에게는 엄청난 권세와 능력이 나타날 것이라는 말씀입니다.

제자들은 이 말씀을 의심하거나 의혹을 제기하지 않았습니다. 그것은 이미 자신들이 병을 고치고 귀신을 쫓아낸 경험을 했기 때문입니다. 또한 구약성경을 보면 능력 있는 인물들이 이미 많이 등장했기 때문입니다. 그들은 마음속으로 자신들도 엘리야나 엘리사처럼 살 것이라 기대했을 것입니다.

고린도전서 12장을 보면 성도들에게 은사를 주신다고 했습니다. 은사는 하나님 성품의 일부분이라고 할 수 있습니다. 하나님을 진실로 믿는다면 하나님의 특별한 성품인 은사는 누구에게나 언제라도 나타날 수 있습니다. 어쩌면 이미 자기 속에서 역사하고 있음을 아는 사람도 있을 것입니다. 어떤 사람은 자기에게 영적 은사가 나타나고 있는데도 다른 사람들이 이해하지 못하거나 비판할지 모른다는 생각에 숨기거나 조심조심 사용하는 사람도 있을 것입니다.

저는 이렇게 생각합니다. 영적 은사는 하나님이 우리에게 주시는 것이며 하나님의 성품입니다. 그것은 결코 우상이 주는 것이거나 사탄이 주는 것이 아니라는 말입니다. 은사는 하나님의 성품과 능력이 이 세상에 자연스럽게 드러나는 아주 거룩하고 훌륭한 일입니다. 신학을 공부하지 않아도, 지식이 많지 않아도, 나이가 적거나 많거나 전혀 상관없이 나타납니다. 이것을 막을 권세는 이 세상에 없습니다. 사탄조차도 하나님의 성품이 믿는 자를 통하여 나타나는 것을 막지 못합니다. 오히려 정상적인 신학과 신앙을 갖고 있다면 성령이 우리에게 주시는 은사가 많이 나타나도록 인도하고 격려해야 합니다.

하나님의 성품은 앞에서 말한 것처럼 거룩합니다. 그러므로 우리도 거룩하기 위해 힘써야 합니다. 거룩해지는 길은 죄를 짓지 않기 위해 힘쓰는 것이며, 만일 죄를 지었다면 철저히 회개해야 합니다.

하나님은 능력이 많으십니다. 우리에게도 세상을 이기는 능력, 죄와 싸워 이기는 능력, 사탄과 싸워 이기는 능력이 필요합니다. 능력이 없거나 약하다면 아직 하나님의 성품을 닮았다고 말하기 어렵습니다.

하나님은 사랑이십니다. 죄인까지도 사랑하시고 구원하시기 위해 독생자 예수님까지 십자가에 달려 죽게 하셨습니다. 그러므로 하나님을 가장 많이 닮은 사람은 사랑이 많은 사람입니다. 우리는 자신이 과연 하나님의 성품을 잘 닮고 있는지 살펴야 합니다. 혹시 마귀의 성품을 나타내고 있지는 않은지 조심해야 합니다. 하나님의 성품을 닮아가는 성도를 만날 일이 기다려집니다.

주님을 닮는다는 것

어느 날 예수님이 제자들에게 이렇게 질문하셨습니다. "사람들이 나를 누구라고 하더냐." 주님이 이 땅에 오셔서 열심히 가르치시고 전도하시고 치료하시고 귀신을 내쫓으시느라 열심히 일하셨는데 보통 사람들 눈에는 어떻게 비쳤는지 알고 싶으셨던 것입니다.

제자들이 대답했습니다. "세례 요한이라고 합니다." 그는 청빈하게 살면서 회개를 촉구했던 선지자입니다. 주님께도 그런 면이 있으셨습니다. 누군가는 엘리야라고 한다고 말했습니다. 주님도 엘리야처럼 능력과 권세가 있으시고 이적을 베푸셨으니 틀린 말은 아닙니다. 또 다른 사람은 예레미야 같다고 했습니다. 그는 눈물의 선지자로서 나라를 사랑한 선지자였습니다.

주님은 베드로의 고백을 듣고 기뻐하셨습니다. 베드로는 "주는 그리스도시요 살아 계신 하나님의 아들이시니이다"(마 16:16)라고 했기 때문입니다. 저는 주님의 제자가 되고 싶다고 하는 사람을 많이 만납니다. 예수님을 믿는 사람은 주님의 작은 제자가 되는 것이 소망이어야 한다고 생각합니다. 이 때문에 "당신은 주님이 어떤 분이라고 생각합니까?" 하고 묻기도 하고, 어느 때는 대화를 나누는 가운데 '이 성도가 생각하는 주님은 이런 분이구나' 하고 저 혼자 짐작하기도 합니다. 그러면서 저는 예수님에 대한 성도들의 다양한 생각을 알게 되었습니다.

조심스러운 추측이지만 많은 성도가 주님을 서당의 훈장 선생님으로 생각하는 것이 아닌가 싶기도 합니다. 또는 청렴한 선비로, 또는 점잖으셔서 싫은 말은 한 마디도 안 하시고 항상 좋은 이야기만 하시는 분으로 생각하는 것은 아닌가 싶습니다. 제가 만난 상당수의 사람이 그렇게 생각하고 있었습니다. 그러면서 자신도 그처럼 늘 거룩하고 화내지 않으며 친절하게 살겠다고 했습니다. 물론 좋은 생각이고 좋은 결심입니다. 그러나 주님은 그 정도에서 그치는 분이 아닙니다.

주님은 하나님의 아들이시며 하나님이십니다. 그분은 거룩하십니다. 그러나 주님은 회개를 촉구하셨습니다. 어느 때는 사람들을 향해 독사의 자식들이라고 말씀하시며 신랄하게 책망도 하셨습니다. 결코 마음씨 좋은 아저씨의 모습이 아닙니다. 어느 때는 사람에게 들린 귀신을 내쫓으셨습니다. 주님이 귀신을 향하여 야단을 치신 것은 당연한 일입니다. 주님을 따라다니면서 트집을 잡는 사람들을 향해 크게 분노하시며 책망도 하셨습니다. 병든 사람에게 가까이 가셔서 그 몸을 만지시면서 치료도 하셨습니다. 이러한 모습을 보면 주님은 소극적인 사역을 하신 것이 아니라 적극적인 사역을 하셨습니다.

거룩하시면서도 강하신 분, 인자하시지만 강하게 책망도 하시는 분, 점잖으시지만 귀신을 내쫓으시는 분, 조용하게 기도하시지만 온 땅을 다니며 전도하신 분, 그분이 바로 우리가 믿는 그리스도 예수이십니다.

우리는 주님이 어떤 분이신지 바로 보고 그분을 따르는 훌륭한 제자가 되기를 소원해야 합니다. 주님을 그려보라고 할 때 제대로 잘 그리는 사람은 많지 않습니다. 주님의 모습에서 무언가 빼놓은 것이 많기 때문입니다. 그렇게 되면 주님을 잘 따라갈 수 없습니다. 주님의 안내 표지판을 자세히 보아야 합니다.

영적 성장

가을은 풍성한 열매를 거두는 계절입니다. 곡식을 거두려면 봄에 씨를 뿌리고 그것이 잘 자라 열매로 완성되어야 합니다. 세상의 모든 것은 자라야 아름답습니다. 식물이 자라는 것처럼 우리의 기업도 성장해야 좋습니다.

성도는 무엇보다 영적으로 자라야 합니다. 나이가 들면 몸이 커지는 것이 당연한 것처럼 성도의 영혼도 당연히 자라야 합니다. 사도 바울은 에베소서 4장 13절에서 부르심을 받은 사람은 장성한 분량이 충만한 데까지 이르러야 한다고 했습니다. 다시 말하면 우리가 영적으로 자라야 한다는 뜻입니다. 성도의 목표는 예수님에게까지 자라는 것입니다.

영적으로 성장하기 원한다면 영적인 양식을 섭취해야 하는데, 그 양식은 바로 성경 말씀입니다. 날마다 성경을 읽고 연구하며 설교 말씀을 들어야 합니다. 믿음이 성장하려면 하늘나라와 영적 세계에 대해 들어야 합니다. 또한 하나님과 나누는 대화인 기도생활을 충분히 해야 합니다. 기도는 영의 양식을 공급받는 길입니다. 또한 영적 성장을 위해서는 주의 나라를 위해 충성하고 헌신해야 합니다. 우리 몸의 헌신과 훈련 없이 영적 성장은 일어나지 않습니다. 교회 안에서 보면 성경도 많이 알고 지식적으로 잘 훈련되어 있는 것 같지만 헌신하지 못해서 영적인 성장이 이루어지지 않는 사람이 많습니다.

성경과 기도 그리고 헌신과 함께 영적 성장에 필요한 것이 하나 더 있는데 그것은 고난을 이기는 것입니다. 주님을 섬기거나 교회에서 헌신할 때 그리고 이 세상에서 살 때 원치 않게 고난을 당할 때가 있습니다. 이때 기도하면서 기쁨으로 잘 이기면 영적 성장의 귀한 기회가 됩니다. 만일 주님을 원망하거나 불평하며 불화하고 더 나아가 고난을 슬기롭게 이길 생각을 하지 않고 숨거나 도망간다면 영적 성장의 기회를 잃게 됩니다.

신앙생활의 연수가 쌓였음에도 잘 성장하지 못하는 성도가 있다면 여기에서 문제가 생긴 것이라고 할 수 있습니다. 잘 자라지 못하는 미숙아나 정신적으로 어린아이의 상태에서 벗어나지 못하는 사람을 보는 것은 정말 마음 아픈 일입니다.

저는 가끔 대접을 잘 받는 나무, 즉 분재를 볼 때가 있습니다. 수십 년 혹은 백 년이 넘은 분재도 있는데 그것은 완벽하게 한 그루의 나무 형태를 하고 있습니다. 하지만 그 키는 겨우 30에서 50센티미터밖에 되지 않습니다. 그렇게 오랜 세월 동안 그만큼밖에 크지 못했다는 것이 신기하기만 합니다. 그래서 희귀한 물건이 되고 값이 비싸져 사람들에게 볼 만한 구경거리가 되는 것입니다.

이것을 신앙생활에 적용해보면 오늘날 교회 안에 있는 분재형 성도의 모습을 생각하게 됩니다. 3-4대에 걸쳐 예수님을 오래 믿은 경우도 있고, 성경에 대해 그리고 교회에 대해 많이 아는 것처럼 보입니다. 그러나 그의 신앙 인격과 열매를 보면 점수를 줄 수 없는 사람이 너무 많습니다. 즉, 그의 신앙 태도가 어린아이와 같은 것입니다. 저는 이런 사람들을 보면 키 작은 난쟁이 같은 분재가 연상됩니다.

세상에서 분재는 값이 비싸지만, 하나님 나라에서 분재처럼 자라지 못한 성도는 다만 열매 맺지 못하는 쭉정이일 뿐입니다. 쭉정이는 바람에 날아갑니다. 우리가 두어야 할 인생 목표는 예수님을 닮는 것입니다. 주님이 어떤 분이신지 우리는 너무도 잘 압니다. 그분을 알기에 그에게까지 자라야 합니다. 저는 장성한 분량에까지 성장하는 성도들이 너무나 보고 싶습니다.

영적 전투

성경에 자주 나타나는 기사가 있습니다. 싸우는 이야기, 바로 전쟁입니다. 성경에는 이스라엘과 주변국 사이에서 벌어진 전쟁 이야기가 가장 많이 등장합니다. 나라와 나라와의 싸움뿐 아니라 지파와 지파와의 싸움, 어느 때는 가족 간에 싸움도 벌어집니다. 사실 이 세상에는 아담 이후 수많은 전투와 전쟁이 있었고, 패배한 가정과 나라는 비극적인 결말을 맞았습니다.

앞으로도 이 세상에는 전쟁이 있을 것이라고 얼마든지 예측할 수 있습니다. 지금도 지구 어느 한 쪽은 전쟁 중입니다. 전쟁에서 이긴 나라는 영토뿐 아니라 많은 노획물을 얻는 반면, 패배한 나라는 그 비참함을 말로 다할 수 없습니다. 그래서 전쟁은 일어나면 안 되지만, 만일 전투든지 전쟁이든지 발생한다면 꼭 승리해야 하는 것입니다. 그래서 국가마다 성능 좋은 신무기를 개발하고 강도 높은 군사 훈련을 합니다. 평상시에 잘 훈련되어 있어야 유사시에 나라를 지킬 수 있기 때문입니다.

전쟁은 군대만의 이야기가 아닙니다. 기업을 경영하는 분들의 이야기를 들어보면 기업이나 직장생활도 총성 없는 전쟁과 같다고 합니다. 이런 경쟁과 싸움의 현장에 있기 싫어서 산 속으로 들어가거나, 심하면 목숨을 끊기도 하는 것입니다.

목사인 저는 성경을 보거나 이 세상의 치열한 싸움을 보면서 실상 더 무서운 전쟁은 성도와 사탄과의 싸움이라고 생각합니다. 이것은 영적 전쟁입니다. 사탄은 이 세상에서 일어나는 모든 전쟁의 배후에서 역사하고 있습니다. 평화를 깨뜨리려고 하는 것입니다.

또한 예수 그리스도를 영접하고 하나님 말씀대로 살려고 할 때 개입하여 죄를 짓고 망하게 하려고 온갖 공격을 하고 만행을 저지릅니다. 사탄은 성도가 병에 걸리게 공격합니다. 마음의 병이든 신앙의 병이든 육체의 병이든 병에 걸려 죽게 만듭니다. 그리고 주님 말씀을 듣지 못하도록 귀를 막거나 의심하게 합니다. 그래서 주님을 떠나고 교회를 떠나게 합니다. 이러한 사탄의 공격에 추풍낙엽처럼 우수수 떨어져 넘어진 사람들이 헤아릴 수 없이 많습니다.

또한 성도 간에 이간질을 하여 교회 안에 시험에 든 사람이 그렇게 많은 것입니다. 어느 때는 교회 밖에서 교회를 사랑하는 마음 없이 교회를 지나치게 비판하고 모욕하기도 합니다. 이것은 모두 사탄이 교회를 공격하는 못된 짓입니다. 또한 성도들의 마음을 빼앗아 세상을 사랑하고 좋아하게 만듭니다. 사탄의 공격은 그 계략과 힘이 엄청납니다.

우리는 지금 사탄이 우리의 생각에 그리고 우리의 믿음에 불화살을 쏘며 공격해오고 있음을 알아야 합니다. 그리고 우리의 육체를 망가뜨리기 위해 사탄의 정예군을 침투시켜 우리를 무력하게 만들고 결국 패잔병을 만들려 한다는 것을 인식해야 합니다. 우리 눈에는 잘 보이지 않을지 모르지만 최신예 병기를 장착하고 우리 마음에 그리고 우리 집 안방에 또한 우리 교회 안에 땅굴을 파고 기어들어 오고 있음을 깨달아야 합니다.

잘못된 신학이나 타락한 문화, 그리고 분쟁과 다툼 등이 사탄의 도구가 되기도 합니다. 이런 상황에서 교회가 한가하게 유람선이나 타고 있는 것은 아닌지 살펴야 합니다. 이 시대의 교회는 파수꾼처럼 유람선을 개조하여 경비정을 만들고, 더 나아가 전투함을 만들어야 합니다. 그리고 내 속에 역사하는 그리고 이 세상에 역사하는 사탄과 처절한 싸움을 벌이고 무찔러서 소중한 우리 자신과 교회를 지켜야 합니다. 영적 전투에서 사탄의 술수를 무력화시키고 승리하는 성도의 모습을 그려봅니다.

시련을 이김

　우리는 이 땅에서 사는 동안 다양한 일들을 겪습니다. 좋은 일도 있고 괴로운 일도 있습니다. 이것은 예수님을 믿는 성도에게도 마찬가지입니다. 하나님은 당신을 잘 믿는 자를 형통케 하시고 만민 위에 뛰어나게 하신다고 하셨고, 정말 그렇게 하십니다.

　하지만 그런 성도도 이 땅에서 시련을 당할 때가 있습니다. 생각지도 못한 고통과 어려움이 있는 것입니다. 잘되던 사업에 갑자기 위기가 닥치기도 하고, 병으로 시달리기도 합니다. 인간관계에 문제가 생기고 터무니없는 공격을 당할 때도 있습니다.

어느 때는 경제적으로 심각한 어려움을 겪기도 합니다. 가장 큰 문제는 예수님을 믿고 신앙생활하는 것 때문에 시련을 당하는 것입니다. 이루 말할 수 없는 마음고생을 하게 됩니다.

저도 지금까지 살아오는 동안 다양한 문제를 만났고 시련에 빠졌었습니다. 그럴 때마다 나는 하나님의 자녀인데 왜 이런 시련을 겪게 되는지 많은 생각을 하게 되었습니다.

그 이유는 먼저, 하나님은 당신의 사람에게 시련을 주시고 그 시련을 통해 믿음을 연단하여 하나님의 귀한 사람으로 만드시기 위해서입니다. 대장장이가 쇠를 불 속에 넣었다 꺼냈다 하면서 망치로 두드려 좋은 물건을 만드는 것과 같습니다.

또 하나는 죄 때문에 시련이라는 회오리바람 속으로 들어갑니다. 죄는 민족이 지은 죄도 있고 내 부모가 지은 죄도 있습니다. 그 중 가장 큰 문제는 내가 직접 지은 죄입니다. 죄를 지으면 사탄이 합법적으로 공격을 합니다. 이럴 경우 성도라도 공격을 당할 수밖에 없습니다. 하나님도 성도라고 무조건 시련을 당하지 않게 하실 수가 없습니다. 성도의 편을 들어주시려고 해도 죄의 값은 하나님의 징계요 사망이라는 원칙을 세워놓으셨기에 원칙 없이 도우실 수가 없는 것입니다.

성경을 보면 야곱은 여러 번 속습니다. 먼저 장인 라반이 품 삯을 여러 번 속여서 그는 물질의 손해를 보았습니다. 아내 라헬이 우상 드라빔을 야곱 몰래 가지고 나왔습니다. 또한 사랑하는 아들 요셉을 다른 아들들이 애굽에 팔아버리고는 요셉의 옷에 짐승의 피를 묻혀 그가 죽었다고 야곱에게 거짓으로 보고했습니다. 야곱은 긴 세월을 슬픔 속에 살았습니다. 그런데 실은 야곱도 아버지를 속이고 형 에서를 속였습니다. 야곱의 시련은 대개 자기의 죗값 때문이었습니다.

  이방인의 사도인 바울도 마찬가지입니다. 그는 복음을 전하면서 돌에 맞고 감옥에도 가고 인격적 모독도 당하는 등 엄청난 시련을 겪었습니다. 그에게는 눈병으로 보이는 찌르는 가시도 있었습니다. 바울이 이처럼 많은 고난과 시련을 겪었던 것은 그가 예수를 믿기 전에 스데반을 죽이는 등 예수 믿는 자들을 심하게 핍박했던 결과도 포함되어 있다고 볼 수 있습니다. 왜냐하면 복음전도자라고 해서 모두 다 바울처럼 시련을 당한 것이 아니기 때문입니다.

  이유가 무엇이든 시련의 찬바람이 불어올 때 우리는 예수 그리스도를 의지하면서 인내해야 합니다. 시련을 이기면 성도의 영적 포용력이 커지고 주님을 더 사랑하게 됩니다. 그리고 고통 당하는 이웃을 이해하고 자신을 잘 지켜나가는 힘이 생깁니다. 더운 것과 차가운 것을 다 견디고 이긴 과실이 상품 가치가 높습니다. 그래서 시련은 결국 우리를 유익하게 합니다.

세계적으로 유명한 인물들을 보면 대부분 극심한 고통과 시련을 이긴 사람들입니다. 시련을 이길 때 아름다운 꽃이 피어납니다. 우리는 앞으로도 혹시 원치 않게 시련을 당할지 모릅니다. 주님이 고난을 이기셨고, 믿음의 선배들이 시련 속에서도 꿋꿋이 섰듯이 우리도 주님을 바라보며 믿음 생활을 해나가야 합니다. 주님은 결국 성도의 편이 되십니다.

삶의 길, 그 여러 모습

저는 오랜 세월 동안 목회를 하면서 많은 사람을 만났고 그들의 삶을 옆에서 지켜보았습니다. 만난 지 얼마 되지 않은 사람이라도 그가 살아온 인생 이야기를 들을 수 있었습니다. 그때마다 우리 인생길은 참 만만치 않고 험악한 인생길이 많다는 것을 알게 되었습니다. 문제는 앞으로도 그렇게 힘들게 살지도 모른다는 것입니다. 목회자로서 제 마음은 예수를 믿는 성도 모두가 형통한 삶을 살았으면 합니다.

아가서 6장을 보면 예루살렘을 향하여 가는 술람미 여인이 거친 들을 지나고 있는 모습이 나옵니다. 우리가 이 세상을 살아갈 때의 모습이 아닐까 생각합니다. 우리가 천성을 향해 가고 있다 하더라도 우리가 걷고 있는 곳은 이 세상이고, 이 세상은 거친 들판과 같은 것입니다.

길의 형태는 여러 가지입니다. 먼저 꼬불꼬불한 시골길을 생각해볼 수 있습니다. 길을 걷는 내내 오르락내리락 하게 된다면 상당히 고달플 텐데, 그런 인생길을 걷는 사람이 있습니다. 또한 모래사막 같은 길을 걷는 사람도 있습니다. 물 한 모금도 제대로 마시지 못하면서 뜨거운 열기를 온 몸으로 겪으며 발이 푹푹 빠지는 모랫길을 걷는 인생입니다. 어떤 사람은 열대지방의 정글 같은 곳을 간신히 길을 만들며 나무뿌리를 넘고 넝쿨을 손으로 거두어내면서 겨우겨우 빠져나가듯 길을 가는 사람도 있습니다.

저는 우리 아이들이 어렸을 때 놀이공원에 간 적이 있는데 귀신의 집이란 곳을 처음 보았습니다. 그곳에 들어가 보았더니 지나는 통로 옆으로 온갖 흉측한 형상의 귀신과 시체들이 튀어나왔습니다. 어린아이들에게는 두려움과 공포감을 주기에 충분했습니다. 그런데 그처럼 위험한 인생길을 가는 사람도 있습니다. 집안에 불행한 일이 끊이지 않는 집입니다. 물론 고급 승용차를 타고 잘 닦인 고속도로를 달리는 듯이 사는 사람도 있습니다.

이것은 단지 물질적인 면만을 이야기하는 것이 아닙니다. 하나님의 자녀인데도 이렇게 다양한 영적 삶을 살 수 있는 것입니다. 존 번연은 『천로역정』에서 그리스도인이 가는 길에 수많은 유혹이 있다고 했습니다. 우리가 천성을 향해 가는 인생길에는 수많은 유혹과 시련과 괴로움이 있고, 사탄의 위협과 방해가 있음을 알아야 합니다.

저는 왜 우리 인생길에 장애물이 많고 고통이 많으며 우리 영혼과 육체가 편안하지 않을까 생각해보았습니다. 그 이유는 여러 가지가 있습니다. 가장 중요한 것은 우리가 죄를 지었기 때문입니다. 특별히 우상숭배의 죄입니다. 우상숭배보다 사람이 지을 수 있는 더 큰 죄는 없습니다.

또 하나는 내 인생길을 주님께 맡기지 않고 내 생각대로, 내가 보기에 좋은 대로 살기 때문입니다. 주님이 기뻐하시지 않는 길을 가게 되면 그 순간부터 그 길은 오솔길과 광야길 그리고 정글이 됩니다. 그리고 귀신의 집이 되어버립니다. 고통과 실패와 두려움으로 점철된 슬프고 고달픈 인생길이 됩니다.

우리에게는 주님을 바라볼 수 있는 소망이 있습니다. 우리의 모든 죄를 철저히 회개하고 주님께 우리 인생을 맡긴다면 은혜의 길, 축복의 길을 걷게 될 것입니다. 날마다 주님과 함께 길을 걸읍시다.

4부

몸 된 교회에 충성함

중보기도

예수님은 이 땅에 계실 때 기도에 힘쓰셨습니다. 하늘에 계신 하나님 아버지께 밤새도록 기도하신 적이 많았습니다. 예수님은 자신의 문제뿐 아니라 사랑하는 제자들을 위해서도 많이 기도하셨습니다. 남을 위해 하나님께 기도하셨습니다. 이것을 중보기도라고 합니다.

엄격한 의미에서 중보기도는 주님만이 하실 수 있습니다. 디모데전서 2장 5절을 보면 "하나님은 한 분이시요 또 하나님과 사람 사이에 중보자도 한 분이시니 곧 사람이신 그리스도 예수라"고 했기 때문입니다. 예수님은 하나님과 사람 사이에 징검다리가 되십니다. 중보자이신 예수 그리스도가 지금도 우리를 위해 기도해주신다는 생각을 하면 힘이 나고 저절로 감사의 말이 나옵니다.

주님은 중보기도자로서의 자격이 있습니다. 중보기도자는 먼저 기도를 들어주실 하나님과 친해야 합니다. 기도를 들어주시려면 간구하는 내용이 각각 다르겠지만 그 내용이 엄청나게 많을 것입니다. 그런데 중간에 있는 사람이 하나님과 친하지 않다면 어떻게 보좌에 계신 하나님 아버지께 기도가 상달되겠으며, 하나님이 들으신다고 해도 그 기도의 내용을 쉽게 들어주겠습니까. 그래서 그 자격을 갖춘 분이 예수님이라는 것입니다. 예수님은 하나님 아버지의 외아들이시고, 인간의 죄를 용서해주시려고 십자가에 달려 죽으셨습니다.

또한 중보자는 소원을 가지고 있는 그 사람에 대해 잘 알아야 합니다. 그의 소원이 무엇인지, 하나님이 무엇을 도와주셔야 하는지를 알아야 합니다. 혹시 그의 소원이 인간의 욕심에서 나온 것은 아닌지 잘 알아야 합니다. 그리고 무엇보다 중요한 것이 있습니다. 그것은 그 사람에게 하나님과 막힌 문제는 없는지, 있다면 무슨 문제인지, 혹시 그것이 죄는 아닌지 잘 알아야 합니다.

그래서 진정한 중보자는 하나님과 사람 사이에 있으면서 사람의 기도 제목을 하나님께 전달해야 하므로 양쪽 모두에게 신뢰가 있어야 하고, 잘 연결할 수 있는 능력이 절대적으로 필요합니다. 이것을 이루실 수 있는 분은 오직 예수 그리스도밖에 없습니다.

우리가 남을 위해 기도할 때 모세와 같은 마음을 가져야 진실한 기도라고 할 수 있습니다. 하나님이 이스라엘 백성을 벌하시려고 할 때 지도자 모세는 하나님께 "차라리 저를 죽여주십시오"라고 기도했습니다. 이것이 진정 백성을 위한 지도자의 기도입니다. 우리가 다른 사람을 위해 기도한다고 할 때 모세를 본받아야 합니다. 단순히 그가 잘되었으면 좋겠다는 생각 정도로 가볍게 기도한다면 그것은 중보기도가 아닙니다.

다른 사람을 위해 기도할 때 조심할 것은 기도하는 도중 그 사람의 영적 상태가 내게 전이되는 현상이 나타날 수 있기 때문입니다. 그래서 영적으로 어두운 사람을 위해 기도하면 기도도 잘되지 않을 뿐더러 피곤함을 느끼게 됩니다.

부모가 자식을 위해 기도하는 것은 아주 효과가 큽니다. 특히 자녀의 죄를 애통히 여기고 회개한다면 하나님이 기뻐하십니다.

믿음의 사람 욥은 잔치를 하고 나면 반드시 자기 자녀들을 다 모아놓고 양을 잡아 하나님께 번제를 드렸습니다. 자녀들이 잔치를 하면서 혹 지었을지 모르는 여러 죄를 아버지가 회개시키는 것입니다. 우리도 욥과 같은 신앙을 가진다면 우리 자녀들이 죄에서 떠나고 하나님의 징계에서 벗어날 수 있습니다. 그래서 기도하는 부모가 있다면 그 자녀는 결코 망하지 않습니다. 하나님은 부모에게 자식을 축복하고 지도할 영적인 권위를 주셨기 때문입니다.

사람이 귀하다

우리가 믿는 예수님은 사람을 귀하게 여기셨습니다. 그래서 죄로 인해 망할 수밖에 없는 인생을 구원하시려고 이 세상에 오셨습니다. 그리고 최후에는 십자가에서 사람을 위해 자기 목숨을 내어주셨습니다. 그만큼 주님은 우리를 사랑하셨습니다. 주님이 우리를 사랑하시고 특별히 하나님을 믿는 성도들을 사랑하시기에 우리도 서로서로 사랑하는 데 힘써야 합니다. 만일 서로 미워하고 비판하면서 다른 사람이 축복받는 것을 싫어한다면 이는 참으로 슬픈 일입니다. 혹시라도 내가 그렇게 하거나 혹시 내 자녀가 그런 행동을 할지 모릅니다.

우리가 다른 사람을, 더구나 성도들을 미워하고 비판하는 이유는 그들의 생각이 내 생각과 다르기 때문입니다. 내가 생각하는 신학과 신앙생활을 사람들이 따라준다면 싸우고 비판할 이유가 없을 것입니다. 만일 다른 사람이 내 생각과 행동을 좋게 받아들이고 나를 따른다면 어떤 문제도 발생하지 않을 것입니다. 하지만 다른 사람이 나의 모든 것을 따를 것이라고 기대한다면 크게 실망할 것입니다. 그 생각은 허무하게 끝날 환상이기 때문입니다. 그렇게 확신할 수 있는 것은 이 세상에 나와 똑같은 생각을 가지고 나와 똑같이 행동하는 사람이 없기 때문입니다.

저는 지금까지 목회를 해온 30년 동안 저와 같은 사람은 고사하고 비슷한 사람조차도 만나지 못했습니다. 유독 저만 그런 것은 아닐 겁니다. 그것은 사람은 모두 다 다르고, 나와 같은 사람은 이 세상에 한 사람도 없기 때문입니다. 그것은 누구나 알고 있는 상식입니다. 만일 그런 사람을 찾으려 한다면 헛수고일 뿐입니다. 이 세상에 나와 같은 사람은 없습니다.

만일 내가 믿는 신학을 주장하거나 나의 의를 강조한다면, 그리고 나의 행동을 기준으로 남을 판단한다면, 아마도 이 세상의 모든 사람이 그 규범에서 벗어나 있어서 그는 내게 잘못된 사람 아니면 죄인이 될 것입니다.

제가 분명히 믿기로 신학이든 신앙이든 이 세상에 완전한 사람은 없습니다. 오직 예수 그리스도만이 우리의 기준이 되십니다. 이 세상에 어떤 학자도, 목회자도 진리를 다 아는 것이 아니며, 그들의 행동이 다 옳은 것도 아닙니다. 그러므로 교회 안에서 선생의 위치에 있는 사람일수록 자신을 낮추고 겸손해야 합니다. 그리고 내가 알고 있는 신학과 사상 그리고 신앙생활의 행동 원칙 이 모든 것에 오류가 있을 수 있다는 생각을 가져야 합니다.

우리는 예수 그리스도를 증거하는 것이지, 우리의 신학이나 윤리가 주님보다 앞설 수 없습니다. 오늘날 교회 안에 쓸모없는 주장이나 논리가 너무 많다는 것을 인정해야 합니다. 그리고 완전하지 않은 자기에게서 나온 의를 지나치게 내세우고, 나와 다르거나 나를 따르지 않는 사람들을 비판하는 것이야말로 소모적인 행동, 비판 받을 행동이라고 할 수 있습니다.

우리는 그리스도 안에서 형제 된 사람들을 함부로 대하면 안 됩니다. 우리는 예수님을 중심으로 하여 한 몸에 붙어있는 지체라는 것을 알아야 합니다. 사람은 귀하고, 특히 성도는 더 귀합니다. 우리는 서로를 용납하고 사랑하는 관계로 만들어가야 합니다.

상 받는 믿음

　가을에는 과일이 풍성해서 참 좋습니다. 탐스러운 열매들을 보면 농부들이 얼마나 정성을 다해 농사를 지은 것인지 헤아리게 됩니다. 아마 그들은 밤낮을 가리지 않고 열심히 과수를 돌보았을 것입니다. 농사짓는 분들의 수고에 감사드립니다.

　하나님은 사람이 일을 하며 살게 만드셨습니다. 그래서 노동은 귀한 것입니다. 한편으로 성도들은 하나님이 명하신 일을 해야 합니다. 돈을 벌기 위해서가 아니라 하나님이 명령하신 것을 잘 지키기 위함입니다. 하나님은 성경을 통하여 우리에게 지킬 것을 가르쳐주셨습니다. 그 대표적인 것이 십계명입니다. 성도는 기꺼이 순종하는 마음으로 그것을 잘 지켜 행해야 합니다. 기독교는 행위가 중요합니다.

주님은 마태복음 16장 27절에서 "[마지막 때에] 각 사람이 행한 대로 갚으리라"고 하셨습니다. 하나님 말씀대로 행하면 상을 주신다는 것입니다. 마태복음 5장 12절에서는 "기뻐하고 즐거워하라 하늘에서 너희의 상이 큼이라"고 하셨습니다. 수고하고 순종한 자에게 상을 주신다는 것입니다. 요한계시록 22장 12절에서도 "보라 내가 속히 오리니 내가 줄 상이 내게 있어 각 사람에게 그가 행한 대로 갚아 주리라"고 하셨습니다.

결국 기독교는 일을 잘한 사람에게 상을 주는 종교라고 할 수 있습니다. 그렇다면 상은 무슨 의미일까요? 사람이 일한 대로 받으면 그것은 정당한 보수를 받는 것입니다. 그런 보수는 상이 아닙니다. 상이란 보수 이상의 의미, 즉 보수와는 별개의 것입니다. 즉, 일을 잘한 성도에게 하나님이 일한 만큼만 주시는 것이 아니라, 일을 잘했으니 기특해서 생각지도 못한 아주 큰 것을 더 주시는 것입니다. 일한 것보다 열 배 또는 스무 배도 주실 수 있습니다. 그래서 상입니다.

성도가 주의 말씀을 지켜나갈 때 옆에서 보면 개인마다 큰 차이가 없는 것처럼 보일 수 있습니다. 그렇지만 주님은 하나하나를 다 기억하시고 더 상을 주시므로 개인적으로 볼 때 많이 일한 사람과 적게 일한 사람 사이에 큰 차이가 날 수 있습니다. 그래서 사도 바울은 빌립보서 3장 14절에서 "푯대를 향하여 그리스도 예수 안에서 하나님이 위에서 부르신 부름의 상을 위하여 달려가노라"고 했습니다. 그는 일평생 주의 일을 하면서 마음속에 늘 주님이 주실 상급을 꿈꾸었다는 말입니다. 그래서 바울은 다른 사람들이 따라오지 못할 정도로 열심히 달렸습니다.

하나님이 상을 주실 때 먼저는 하늘나라에서 주십니다. 천국에 간 성도에게 주시는 선물입니다. 또한 이 땅에서 사는 동안에도 주의 일을 잘한 성도에게 상을 주십니다. 이 땅에서도 하나님의 사랑과 보상을 체험하게 되는 것입니다. 그러므로 성도는 하나님이 행하라고 하신 것을 열심히 행해야 합니다. 예배에 힘쓰고 기도에도 힘써야 합니다. 그리고 열심히 이웃을 섬겨야 합니다. 무엇보다 영혼 구원을 위해 힘써야 합니다. 이것이 가장 소중한 일입니다.

우리에게는 일할 곳이 얼마든지 있습니다. 주님 나라에는 많은 일꾼이 필요합니다. 각 교회마다 일꾼들이 정말 부족합니다.

성도는 행한 대로 갚아주신다는 주님 말씀을 의지하고 신앙생활에 최선을 다해야 합니다. 우리가 게으르거나 죄에 빠진다면 이미 얻은 상을 잃을 수도 있습니다. 추수의 계절에 주님께 충성하여 많은 상을 받고 기뻐하는 성도가 되기를 소원합니다.

살 때와 죽을 때

10월 31일은 뜻 깊은 종교개혁 기념일입니다. 지금부터 498년 전 마르틴 루터는 로마 가톨릭 교회의 잘못을 지적하고 개혁되기를 원해 종교개혁을 부르짖었습니다. 그 당시 교회라는 거대한 세력을 향한 이 도전은 대단히 용기 있는 행동이었지만, 언뜻 무모한 것으로 비쳤을 것입니다. 루터는 얼마든지 목숨을 잃을 수 있었습니다. 하지만 바른 신앙을 위해 교권에 대항했습니다. 루터의 용기 있는 행동으로 이후 많은 사람이 바른 진리 안에서 신앙생활을 할 수 있게 되었습니다.

오늘날 개신교의 탄생은 목숨을 건 루터의 용기 있는 행동에서 시작되었습니다. 루터가 진리를 위해 목숨을 건 것처럼 우리도 예수님을 믿는 일에 목숨을 걸 수 있어야 합니다. 물론 우리 생명은 귀한 것이므로 목숨을 잘 지켜야 할 때도 있습니다. 만일 생명의 위협을 느낀다면 도망을 칠 수도 있습니다. 그러나 주님의 뜻을 이루고 주님이 원하신다면 기꺼이 목숨도 바칠 수 있는 순교자적인 삶이 필요합니다. 도망칠 때도 있고 순교를 각오할 때도 있는 것입니다.

누가복음 4장 29절을 보면 주님은 고향인 나사렛에서 복음을 증거하셨습니다. 그때 동네 사람들이 예수님을 낭떠러지까지 끌고 가서 밀쳐 떨어뜨리려고 했습니다. 자칫 잘못하면 죽을 수도 있는 상황이었는데 주님이 피하셔서 해를 입지 않으셨습니다.

요한복음 8장 59절에서도 성전에서 가르치시던 예수님을 유대인들이 돌로 치려 하자 숨어계시다가 성전을 빠져나오셨습니다. 아직 예수님이 죽으실 때가 아닌 것이었습니다. 그러나 복음을 증거하시다가 때가 되자 사람들에게 잡히시고 십자가에 달려 죽으셨습니다. 주님은 십자가의 죽음을 피하지 않으셨습니다. 주님이 죽으심으로 우리가 담대히 하나님 아버지께 나아갈 수 있는 길이 열린 것입니다.

사도 바울도 다메섹에서 유대인들이 죽이려 했을 때 밤에 몰래 도망을 쳤습니다. 그러나 사도행전 20장 22절을 보면 그는 죽음을 두려워하지 않고 담대하게 행동했습니다. 그리고 "나의 생명조차 조금도 귀한 것으로 여기지 아니하노라"(행 20:24)고 말했습니다. 그는 최후에 로마에서 순교하고 일생을 마무리했습니다.

지난 2천 년 동안 신앙을 지키기 위해 순교한 사람이 많습니다. 특히 로마 가톨릭에서 개혁해 나온 후 가톨릭의 박해로 5천만 명 이상의 개신교도가 목숨을 잃었다고 합니다. 교회사에 기록된 내용입니다. 힘 있는 교권이 신앙의 자유를 갈망하는 성도들을 무참히 죽인 것입니다. 교권이란 이렇게 무서운 것입니다.

종교 개혁자이자 장로교의 창시자인 장 칼뱅의 생가를 가보았는데 그 집도 가톨릭교도들에게 불태워졌다고 합니다. 지금은 개신교도들이 보수를 해놓았습니다. 우리나라도 일제시대와 한국전쟁을 겪으며 많은 순교자가 생겼습니다. 그분들은 어떤 박해에도 신앙을 포기하지 않았습니다.

우리는 지금 살아있는 것에 감사하며 죽는 순간까지 주님을 잘 섬겨야 합니다. 그리고 신앙을 지키기 위해서라면 죽음조차 각오하는 성도가 되어야 합니다. 그렇게 사는 것이 주님을 닮는 것이고, 위대한 믿음의 선진들을 따라가는 것입니다.

좋은 것과 오염된 것

가을이 되면 하늘은 높아지고 산은 단풍으로 곱게 물듭니다. 누구라도 이 아름다운 강산을 둘러보지 않을 수 없습니다. 사람은 누구나 아름다운 것을 좋아하기 때문입니다. 좋은 것, 귀한 것을 갖거나 보게 되면 기분이 상쾌해지고 가슴이 뿌듯해집니다. 그래서 기회가 되면 외국의 명소도 가보게 됩니다.

하나님을 믿는 성도는 아름다운 것을 보고 가질 수도 있지만, 한편으로는 어둡고 힘든 자리도 가보아야 합니다. 순교자들의 묘소가 있는 양화진에도 가보고, 노숙자들이 생활하는 곳에도 가보면 좋겠습니다. 우리 마음을 상쾌하게 하는 곳들은 아니지만 영적으로 도움이 되고 가르침도 받게 됩니다. 저는 쓰레기 처리장에 가보았는데 그 오염되고 불결한 곳에서 재활용품을 주워 팔아 생활하는 사람들도 있었습니다. 마음이 여간 아픈 것이 아니었습니다. 수해가 난 곳도 수 없이 가보았고, 화재가 나서 수십 명이 목숨을 잃은 곳에도 가보았습니다. 그 타는 냄새는 참으로 견디기 어려웠습니다.

저는 4.19 국립묘지와 동작동 국립묘지, 광주 5.18 묘지에도 가보았습니다. 사람들이 혐오시설이라고 멀리하는 화장터에도 여러 번 가보았고, 북한이 파내려온 땅굴에도 들어가 보았습니다. 그리고 독립운동가 안중근 의사가 갇혔던 중국의 여순 형무소에도 가보았습니다. 그리고 노무현 대통령이 묻히신 곳과 근처의 부엉이 바위에도 가보았습니다. 규모가 큰 정신병원에도 여러 번 가보았습니다.

생각해보면 이 세상에는 억울하게 고통을 당하거나 죽는 사람이 너무 많습니다. 자연환경 또한 사람의 손에 의해서든 자연재해 때문이든 더럽혀지고 망가지는 경우가 비일비재합니다. 가슴이 아프고 슬픔을 참기 어렵습니다.

그래서 어느 때는 아름답고 좋은 것만 보거나 생각하고 싶고,

그런 곳만 가보고 싶을 때도 있습니다. 그러나 하나님의 사람은 좋은 것이나 나쁜 것, 기쁜 것이나 괴로운 것을 다 보고 알아야 한다고 저 자신을 다잡습니다. 이 세상에서 가장 혐오스럽고 더러운 것, 그리고 가까이 하고 싶지 않은 것은 마귀요 사탄입니다. 그래서 성경은 더러운 귀신이라는 말을 많이 사용합니다. 사탄이 가장 더럽고 혐오스러운 것은 고귀한 하나님의 자녀를 유혹하여 죄를 짓게 하고 더럽게 만들기 때문입니다.

이 세상에서 일어나는 여러 불행한 사건들의 배후에는 반드시 사탄이 있습니다. 하나님의 교회에서 일어나는 여러 불미스러운 일의 배후에도 더러운 영인 사탄이 있습니다. 우리는 그들의 활동을 세밀히 관찰해야 합니다.

그러므로 성도는 아름다운 것만 생각할 수 없습니다. 물론 하나님의 은혜나 성령의 은사, 천국이나 성도들과의 교제, 은혜로운 예배는 생각만 해도 마음이 기쁨으로 차오릅니다. 하지만 그 아름다운 것을 파괴하고 더럽히며 흔드는 사탄이 우리 주위에 있다는 것을 반드시 기억해야 합니다. 생각만 해도 역겹고 기분 나쁜 사탄의 세력이 있음과 그 공작 때문에 사람의 영혼과 이 세상의 좋은 것들이 깨지고 더러워지고 있음을 기억해야 합니다.

성도로서 좋은 것을 많이 알고 소유하면 좋겠습니다. 하지만 더러운 악의 정체도 잘 알고 물리쳐야 할 것입니다.

개선문

　프랑스 파리에 가면 개선문이 있습니다. 나폴레옹이 전쟁에서 승리한 사람들을 축하하기 위해 지은 것입니다. 그런데 이 개선문을 본 딴 제2, 제3의 개선문이 여러 나라에 지어져 있다고 합니다. 왜 나라마다 이토록 개선문을 귀하게 여길까요. 그것은 승리의 문이기 때문입니다. 전쟁에서 적을 물리치고 승리한 군인이 적의 포로들과 수많은 노획물을 가지고 그 앞에 당당히 서게 되는 영광스러운 문이기 때문입니다.

　전쟁에서 패하거나 부상을 입고 도망쳐온 군사들은 그 문 앞에 설 수 없습니다. 오히려 그 문이 부담스럽고 지옥문처럼 보일

지도 모릅니다. 전쟁에서 진 사람은 자신만 고통스럽거나 죽는 것이 아니라, 그 가족과 나라, 민족 전체가 곤경에 처하게 되고, 잘못하다가는 나라가 망할 수도 있는 것입니다. 그러므로 전쟁이 벌어지면 반드시 승리해야 합니다. 양보란 결코 있을 수 없습니다. 전쟁에서 이기면 수많은 환영인파가 몰려와 꽃을 뿌리고 깃발을 흔들며 축하하겠지만, 패잔병은 부끄러움 속에 앞으로 있을 재판에서 패전의 책임을 추궁당할 것입니다. 그리고 책임 여하에 따라 감옥에 가거나 더 큰 벌을 받을지도 모릅니다. 이기면 상급이 따르고, 지면 책망이 따라옵니다.

전쟁에서 이기는 길에는 여러 가지가 있겠지만 무엇보다 전쟁을 대비한 연습, 즉 훈련이 필요합니다. 훈련을 하더라도 지금 전쟁 중이라는 마음을 가지고 최선을 다해야 합니다. 그래야 실제로 전쟁이 일어날 때 잘 싸울 수 있습니다.

저도 군대를 다녀왔습니다. 전력이 막강하고 군기도 세기로 유명한 맹호부대에서 3년 가까이 군 생활을 했습니다. 제가 복무할 때는 훈련이 정말 많았습니다. 한겨울 영하의 날씨에도 훈련은 계속되었습니다. 군 생활이 너무 힘이 들어 저는 불평도 많이 했습니다. 이제 나이가 들어 어른이 되고 보니 나라를 지키기 위해서는 강력한 군대가 필요하다는 것을 그때보다 더 실감하게 됩니다. 오히려 젊은이들이 강도 높은 훈련을 하는 것을 보면 옛날 생각이 나서 눈물을 훔치기도 하지만 이내 그들이 존경스러우면서 마음에 평안이 찾아옵니다. 잘 훈련된 그들이 이 나라를 잘 지켜나갈 수 있기 때문입니다.

성도에게는 두 나라가 있습니다. 하나는 대한민국이라는 나라요, 또 하나는 하나님 나라입니다. 우리는 이 두 나라를 잘 지켜나가야 합니다. 교회는 그 자체로 하나님 나라는 아닙니다. 그러나 교회를 잘 지키는 것도 하나님 나라를 잘 지키는 것의 한 부분입니다. 성도는 섬기는 교회를 잘 지켜야 합니다. 또 하나는 우리 자신과 가정도 하나님 나라의 일부분입니다. 그러므로 믿음으로 이 나라들을 잘 지켜나가야 합니다.

하나님 나라의 적은 누구일까요? 그 적은 바로 죄와 사탄입니다. 사탄이 있는 곳에 죄가 있고, 죄가 있는 곳에 사탄이 있습니다. 우리가 죄와 싸워 이기고 사탄의 세력과 싸워 이긴다면 우리는 승리의 개선문을 통과하게 될 것입니다. 분명 주님이 저 천국에 개선문을 준비해놓으셨을 것입니다. 믿음에 실패한 사람, 사탄의 포로가 된 사람은 그 문을 통과할 수 없습니다. 군사로 부름받은 자는 많지만 승리한 군사는 그리 많지 않아 보입니다. 눈을 들어 하늘을 보십시오. 그리고 천국의 개선문을 통과하는 꿈을 꾸십시오. 그 문 앞에는 주님이 이 땅에서 승리한 우리를 기다리고 계십니다. 그리고 머리에 승리의 면류관을 씌워주실 것입니다.

알곡과 낙엽

가을에 우리 눈에 제일 많이 뜨이는 것은 낙엽입니다. 길거리나 공원, 산과 들 어디를 가도 낙엽이 휘날리며 뒹굴어 다닙니다. 낙엽은 잠깐 보기에는 좋아도 큰 환영을 받지 못합니다. 우리 생활에 큰 도움이 되지 않기 때문입니다. 도움이 되지 않는 것은 많으면 많을수록 사람을 힘들게 합니다. 골칫거리가 됩니다.

반면 가을에는 풍성한 열매가 있습니다. 우리나라는 금년 농사가 풍년이라서 농작물의 수확량이 많다고 합니다. 특히 쌀과 같은 곡식이 넉넉해지면 우리 마음도 안심이 됩니다. 그래서 곡식은 많이 있어도 좋습니다.

낙엽은 말없이 떨어져서 스스로 뒹굴고 다니지만, 곡식은 처음부터 씨를 뿌리고 가꾸고 가을에 거두어들이는 수고를 해야 합니다. 그래야 우리가 살아가는 데 꼭 필요한 식량이 됩니다. 다시 말하면 우리의 생명을 유지하는 데 꼭 필요한 곡식은 저절로 생겨나는 것이 아닙니다. 우리가 논과 밭에 씨를 뿌리고 가꾸는 수고를 해야 하는 것입니다.

성경을 보면 울며 씨를 뿌리는 자는 기쁨으로 거둔다고 했습니다. 씨를 뿌리는 사람은 때로 힘들고 수고로워 눈물을 흘리기도 합니다. 그래도 거둘 열매를 기대하며 수고하는 것입니다. 힘이 든다고, 환경이 나쁘다고 씨를 뿌리지 않는다면 가을에 곡식을 추수할 자격도 없고, 추수한 곡식을 손에 들고 기뻐할 수도 없습니다.

또한 씨를 뿌린 사람은 논밭에 씨를 뿌려놓기만 하고 방관하는 것이 아니라 곡식이 잘 자랄 수 있도록 물도 주고 벌레도 잡고 짐승들의 해코지도 막아주면서 심혈을 기울여야 합니다. 그렇게 애를 써서 키웠기 때문에 곡식을 거두는 기쁨은 말할 수 없이 큰 것입니다.

씨를 뿌리고 거두는 이 원리는 우리의 신앙생활이나 가정생활, 직장생활의 모든 부분에 적용됩니다. 저는 아내와 세 자녀가 있는 가장으로서 가정생활을 합니다. 저는 우리 집이 과연 열매가 좋은 가정인가 늘 생각합니다. 또한 우리 교회는 과연 좋은 씨를 잘 뿌리고 실적이 좋은 그리고 우량한 품종이 생산되는 농장 혹은 목장인가를 생각합니다. 무엇보다 나 자신이 주님 앞에서 알곡이라는 칭찬을 들을 수 있을지 정말 자주 점검을 합니다. 제가 아무리 세상에서 많은 일을 한 것처럼 보여도 주님이 알곡이 아닌 쭉정이요, 굴러 떨어지고 퇴색된 낙엽이라고 하신다면 걷잡을 수 없는 대형사고가 터진 것이기 때문입니다.

제 생각에 이 세상에서 가장 무서운 일은 주님이 우리를 알곡이 아닌 쭉정이로 평가하시는 것입니다. 바람에 나는 겨는 이 땅에서도 주님의 사랑을 받지 못할 뿐 아니라, 장차 저 하늘에 가서도 환영받지 못하는 영혼이 될 수밖에 없습니다.

그러므로 우리는 주변에 좋은 씨도 많이 뿌려야 하지만 먼저 내 영혼이 하나의 씨라고 생각하고 잘 가꾸어 좋은 열매가 되도록 힘써야 합니다. 이 세상에는 다른 사람은 구원하고 자신은 버림받는 일이 있기 때문입니다. 산책을 할 때 내 발에 무심코 밟

히는 낙엽이 많습니다. 낙엽은 열매가 아닙니다. 아무리 아름답고 숫자가 많아도 언젠가는 웅덩이에 버려야 합니다. 우리 모두 주님의 천국 창고에 쌓이는 알곡이 되기를 소원합시다.

예배는 귀하다

11월은 대부분 교회가 추수감사의 달로 지킵니다. 하나님께 받은 것을 감사하는 마음으로 하나님께 나아가 "하나님! 지난 일 년 동안 하나님이 주신 열매가 여기 있습니다"고 하면서 예배하는 것은 하나님 앞에서 가장 숭고하고 아름다운 행위입니다.

기독교는 예배를 아주 소중하게 생각합니다. 그래서 일주일의 하루인 주일날을 하나님께 예배하는 날로 정하여 지키고 있습니다. 저는 주일학교 때부터 교회에 나갔는데 철들고 나서 지금까지 오십 년 동안 주일을 지키지 못한 날은 손으로 꼽습니다. 주일을 지키지 않은 날이 거의 없습니다. 저는 목사가 되기 전에도 하나님께 예배드리는 것이 그렇게 즐거웠습니다.

예배는 지음받은 인간이 창조주를 경배하는 것으로서 마땅히 행해야 할 일입니다. 예배를 드리지 않는다면 그 사람이 혹시 하나님을 믿는다거나, 구원받았다고 확신하더라도 그의 신앙을 인정하기 어렵습니다. 하나님을 믿는다면 예배를 통해 그분을 만나고, 그분의 은혜를 받으며, 예배를 통해 그분과 사귀어야 하는 것입니다. 요사이 하나님을 믿기는 하지만 예배에 참석하지 않는 사람이 많다고 하는데, 그들은 속히 교회에 나가 여러 성도와 함께 예배를 드려야 합니다. 예배 없이 하나님과 사귐을 갖는 것은 거의 불가능합니다.

하나님은 사람의 마음속에 하나님을 섬기는 마음을 주셨습니다. 그래서 우리는 자연스레 하나님을 섬기고 믿는 것입니다. 과거에 우리나라가 하나님을 몰랐을 때가 있었습니다. 그렇지만 그때도 마음에 종교성이 있어서 무엇인가를 섬기려고 했습니다. 그래서 나무와 돌을 신으로 섬겼습니다. 해와 달과 별을 섬기며 복을 달라고 했습니다. 그뿐 아니라 하나님과 원수 된 귀신을 섬기기도 했습니다. 지금도 그렇게 하는 사람들이 있습니다. 그것은 하나님을 섬기는 것이 아닙니다. 어떤 이는 스스로 하나님이 되어서 자기를 섬기고, 사람들에게 자신을 섬기라고도 합니다. 이런 사람은 스스로 어두운 함정에 빠진 것입니다.

    하나님은 보통 사람의 눈에는 보이지 않는 영적인 분입니다. 그래서 성도가 영적인 예배를 드리고 기도할 때 영적 존재이신 하나님을 깨달을 수 있습니다. 항상 깨어 기도하고 영적인 사람이 된다면 하나님과 사귐이 있게 됩니다. 그래서 하나님은 영이시니 신령과 진정으로 예배하라고 가르쳐주신 것입니다. 신령과 진정으로 예배하는 것이야말로 하나님께 나아가는 길입니다. 진실로 예배를 드리면 유익이 많습니다. 먼저 하늘의 양식을 나의 속사람이 먹게 됩니다. 그러면 내 속사람이 배부르고 윤택하며 힘이 솟아납니다. 그렇게 되면 내 지적인 면이나 감성적인 면 그리고 의지적인 면에서 큰 도움을 받습니다.

    또 하나 중요한 것은 하나님이 나의 예배를 받으시고 기뻐하시며 하늘에 상급을 준비해주신다는 것입니다. 또한 이 땅에서 살아가는 동안 큰 힘과 능력을 주십니다. 그래서 예배에 성공하면 인생에 실패는 일어나지 않습니다. 결국 우리 인생은 예배에 성공해야 인생도 성공하고, 장차 하늘에 올라가서도 하나님께 칭찬을 듣는 사람이 되는 것입니다. 믿음의 사람 아브라함이 가는 곳마다 제단을 쌓고 하나님께 제사를 드렸던 것을 꼭 기억해야 합니다. 예배에 성공하는 사람이 되기를 기원합니다.

성경을 가까이

올 가을을 보내면서 감사한 것은 금년 우리나라의 농사가 대풍년이었다는 것입니다. 단군 이래로 가장 농사가 잘 되었다고도 합니다. 어쨌든 시장이나 식탁 위에 예전보다 먹을 것이 풍성해진 것은 사실입니다. 우리나라가 하나님의 복을 받아서 살기 좋은 나라가 되었으면 하는 것이 모든 사람의 소원일 것입니다.

육신의 양식 못지않게 중요한 것이 영의 양식입니다. 우리 중에는 넉넉해도 불평과 불만이 가득하고 서로 다투고 싸우는 일이 많습니다. 어떤 이는 도박과 마약에 빠지기도 합니다. 또한 경제적으로 별 어려움이 없는데도 스스로 삶을 마감하기도 합니다. 이러한 가슴 아픈 일의 원인을 살펴보면 영적으로 갈급하고 메말라 있기 때문입니다. 사람에게는 눈에 보이는 육체적인 사람도 있지만 영혼이라고 하는 속사람도 있습니다. 육적인 사람도 만족함을 누리지만 속사람도 만족함을 누려야 합니다. 그런데 속사람을 만족시키는 것은 신비한 것이라야 합니다.

그러나 신비라고 하는 것도 불량한 것이 있기 때문에 조심해야 합니다. 하나님을 믿는 성도에게는 가장 믿을 만한 신비로운 양식이 있습니다. 그것은 바로 하나님의 말씀인 성경입니다. 하나님의 말씀인 성경은 우리 영혼을 시원하게 하고 배부르게 하며 만족시키기에 충분합니다. 하나님이 우리 인생에게 성경을 주셨다는 것은 그야말로 최고의 선물이라고 할 수 있습니다.

제가 주일학교와 중·고등부 시절에는 교회에서 공과 시간마다 꼭 성경 요절을 외우게 했습니다. 그때는 그 말씀이 얼마나 소중한지도 잘 모르고 귀찮게 여겨지기만 해 제대로 외우지 않은 적이 많았습니다. 그러나 나이가 들어가면서 하나님의 말씀인 성경의 소중함을 점점 깨닫게 되었습니다. 성경을 읽을 때 나의 죄가 깨달아집니다. 그리고 주님이 죄인을 사랑하신다는 것을 알게 됩니다. 뿐만 아니라 어떻게 인생을 살아야 하는지도 알게 되었습니다. 무엇보다 우리가 죽어 천국에 간다는 사실이 기록되어 있습니다. 정말 인생에 필요한 모든 것이 기록되어 있다고 할 수 있습니다.

성경을 읽다보면 성경의 깊은 내용까지도 더 자세하고 알고 싶은 마음이 생겨납니다. 그럴 때는 주석을 읽어 도움을 받을 수 있습니다. 서점에 나가 보면 좋은 주석들이 많습니다. 또한 말씀을 놓고 깊이 기도하며 묵상하는 것도 필요합니다. 성경은 성령의 주도 아래 선지자나 제자들이 쓴 것입니다. 그래서 성령이 함께해주셔야 성경의 내용을 더 잘 알 수 있습니다. 저자가 성령님이시므로 성령님과 친해야 성경의 뜻을 잘 알 수 있는 것은 당연한 일입니다. 성경을 읽을 때 지식적으로 알고 싶은 호기심에 멈추어서는 깊은 진리를 알기 어렵습니다.

하나님 말씀을 알았으면 성령의 인도를 받으면서 말씀대로 살아야 합니다. 하나님이 성경을 주신 것은 알고 지키기 위한 것이지, 단지 지적 호기심을 채워주시려고 주신 것이 아니기 때문입니다. 성경을 알면서도 실천이 없다면 아무 의미가 없습니다.

오늘날 신앙생활을 하는 성도 가운데는 삶의 의욕을 잃어버렸거나 엉뚱한 일에 시간과 정력을 낭비하는 분들이 있습니다.

이 문제들을 해결하려면 하나님 말씀인 성경을 읽고 듣고 배우고 연구해야 합니다. 그러면 하나님이 틀림없이 큰 은혜를 주시고 영혼을 만족케 하실 것입니다. 성경을 가까이 하는 것이 신앙생활의 첫걸음입니다.

5부

*

하나님 나라를 바라봄

중매쟁이

어느덧 한 해의 마지막 달에 이르렀습니다. 한 해 동안 어떻게 살아왔는지 우리는 결산을 해야 합니다. 성도 각자가 신앙적인 열매에 대해 결산해야 하고, 교회도 여러 면에서 지난 일 년을 살펴보아야 할 것입니다.

성도들이나 교회가 결산을 하면서 빠뜨리면 안 될 것이 있습니다. 그것은 금년에 내가 몇 명이나 사람들을 주님 앞으로 인도하였나 하는 것입니다. 주님은 제자들에게 온 천하에 다니며 만민에게 복음을 전파하라고 하셨습니다. 또한 제자 삼으라고도 하셨습니다.

기독교는 나 혼자 예수 믿고 기뻐하고 구원받고 하는 것으로 만족하는 종교가 아닙니다. 하나님의 사랑과 예수 그리스도께서 우리를 위하여 십자가에 달려 죽으셨다가 부활하신 것을 증거하는 일을 해야 합니다. 그리고 성도들을 천국까지 갈 수 있도록 옆에서 잘 도와주어야 하는 것입니다. 그래서 예수 그리스도를 증거하는 삶을 살아야 진정한 성도의 삶을 산다고 할 수 있습니다.

어떤 책에서 전도란 잔칫집에 가서 배부르게 얻어먹은 거지가 배고파하는 다른 거지에게 그 잔칫집을 가르쳐주는 것이라고 한 것을 보았습니다. 재미있고 의미 있는 예화라고 할 수 있습니다. 그러므로 성도와 교회는 전도하는 일에 힘써야 합니다. 영혼 구원이 이 세상에서 가장 중요한 일이기 때문입니다. 성경은 한 영혼이 천하보다 귀하다고 했습니다. 이처럼 전도는 교인 확보를 위한 것도 아니고 성도의 숫자를 채우려는 의도에서 하는 것도 아닙니다.

어느 목회자와 대화를 나눈 적이 있는데 그분은 태어나서 스무 살이 넘도록 자기에게 예수님을 전하거나 교회에 나가자는 말을 한 사람이 아무도 없다고 했습니다. 그래서 이런저런 종교를 떠돌다 결국 예수 그리스도를 뒤늦게 영접하고 신학을 공부해 목사가 되었다고 했습니다. 그분은 좀 더 일찍 주님을 알았으면 좋았을 것이라고 아쉬워했습니다. 주님의 일을 훌륭히 감당하고 있는 그분을 생각하면 지금도 주님 나라를 위해 귀하게 쓰일 누군가가 자기를 교회로 인도해줄 사람을 기다리고 있는지도 모를 일입니다.

성도는 택함 받은 영혼을 주님 앞으로 인도하는 데 속히 힘써야 합니다. 우리가 전도할 때 깊이 생각해야 할 부분이 있습니다. 그것은 전도란 한 영혼을 주님께 인도하는 것이라는 사실입니다. 당연한 말 같지만 정말 그렇게 인식하고 실천하고 있는지 살펴보아야 합니다. 사도 바울은 고린도후서 11장 2절에서 "내가 하나님의 열심으로 너희를 위하여 열심을 내노니 내가 너희를 정결한 처녀로 한 남편인 그리스도께 드리려고 중매함이로다"고 했습니다. 바울이 전도하고 가르치는 목표가 성도를 그리스도께 중매시키기 위함이라는 것입니다. 바울 자신이 어떤 개인적인 이익을 보려는 것도 아니고, 교회에 사람 숫자를 채우려는 것이 아니라 오직 예수 그리스도께 중매하는 것, 즉 주님을 깊이 만나게 해주려는 것이었습니다.

중매인은 신랑과 신부를 만나게 해주는 것으로 그 역할을 마치는 것입니다. 중매인이 신부나 신랑에게 자기에게 관심을 가지라고 요구할 필요가 없는 것입니다. 전도란 한 영혼을 어느 특정한 교회로 데려가는 것도 아니고, 어느 교파로 끌어가는 것도 아닙니다. 어느 목회자에게 속하게 하는 것도 아닙니다. 오직 예수 그리스도의 신부요 양이 되게 하는 것입니다. 이 일에 우리는 실수가 없어야 합니다. 우리 주변에는 주님께 속한 사람들이지만 아직 주님께 나오지 않은 사람들이 많습니다. 그들을 주님께 인도하는 것이 오늘 우리가 해야 할 일입니다.

갈등과 친교

한 해를 보내는 시점에 섰습니다. 연말이 되면 한 해를 보내는 것이 아쉬워서인지 지난 시간을 돌아보게 되고, 그동안 친분을 쌓았던 사람들을 생각하게 됩니다. 그들은 일 년 동안 함께 이 세상을 살아왔습니다. 어떤 이는 직장에서, 어떤 이는 교회에서, 그리고 무엇보다 특별히 가족으로 살아가는 사람도 있습니다. 한 해를 마무리하는 의미를 함께 나누었으면 하는 마음이 드는 사람들입니다.

즐거운 일이 있었다면 다시 한 번 더 즐거워하고, 축하할 일이 있었다면 한 번 더 축하하고 싶습니다. 그리고 힘든 일을 겪은 사람이 있다면 따뜻한 위로의 말을 건네어 용기를 주고 싶습니다. 하나님이 같은 시대에 태어나게 하시고 만나게 하신 분들이기 때문입니다.

한편으로는 서로 뜻이 맞지 않아 다투기도 하고, 헤어지게 된 사람도 있습니다. 아무리 생각해도 사람 사이의 갈등은 서로에게 아무런 유익이 없어 보입니다. 그런데 우리는 쉴 새 없이 갈등하고 서로 비판하며 헐뜯기도 합니다. 나만 상대를 헐뜯는 것이 아니라 내가 헐뜯는 그 시간에 상대도 나를 비판할 수 있습니다. 그렇게 서로 할퀴고 헐뜯은 결과 가슴과 영혼에 깊은 상처가 납니다.

이것은 나뿐 아니라 이 사회 곳곳에서, 그리고 하나님을 섬기는 성도들의 모임인 교회에서도 일어납니다. 사람들 사이의 갈등, 무엇보다 성도들이 서로 갈등하면서 다투는 것은 정말 무서운 죄며 하나님의 가슴을 아프게 하는 아주 고약한 것입니다. 아무리 정당해 보여도 정의를 가장한 사악한 다툼이 많이 있음을 인정해야 합니다.

저는 십대 시절 제가 출석하던 교회에서 서로 다투고 싸우는 것을 본 적이 있습니다. 그런 행동을 하는 어른들이 정말 미웠습니다. 그때 저는 앞으로 교회 안에서 성도들과 화평하고 친밀하게 지내야겠다고 다짐했습니다. 그런 마음을 가지고 지금까지 살아왔음에도 과연 얼마나 실천했는지 생각하면 부끄러운 마음이 있음을 고백하지 않을 수 없습니다.

어느 시대에나 그리고 어느 교회에나 갈등이 있을 수 있습니다. 최초의 사람인 아담과 하와도 그리고 아들인 가인과 아벨도 서로 갈등했습니다. 믿음의 조상 아브라함의 가정도, 이삭의 가정도 그리고 야곱의 가정도 불화가 끊이지 않았습니다. 위대한 사역자 바울과 바나바도 서로 크게 싸운 적이 있습니다. 과연 사람이 살아가는 동안 갈등의 끝은 없는 것인가 하는 생각이 듭니다.

우리가 왜 서로 사랑하고 친교해야 하는지는 천국에서 그 답을 찾아야 합니다. 진정한 교회의 모습은 하늘에 있기 때문입니다. 천국에는 그리고 하나님 보좌 앞에는 구원받은 성도들이 모여 있습니다. 만일 내가 다투고 미워하고 싸웠던 사람을 주님의 보좌 앞에서 만난다면 어찌하겠습니까. 혹시 다투고 싸운 두 사람 모두 주님이 보좌 앞에 있지 못하도록 밖으로 내쫓으시면 어찌하겠습니까. 또한 내가 미워하고 저주했던 사람인데 만일 주님이 사랑하시는 사람이요 하늘에서 큰 자라면 그 허물을 어떻게 벗을 수 있겠습니까. 참 난감한 일이 될 것입니다.

    온 세상이 서로 반목하고 갈등을 겪고 있습니다. 하지만 하늘에 속한 성도는 그런 혼탁함 속에서 벗어나 서로 아끼고 사랑해야 합니다.

마지막 목표

이 세상을 사는 동안 우리에게는 목표가 있어야 합니다. 특히 성도는 현실에 안주하거나 불만을 갖지 말고 주님이 내게 명령하신 사명을 따라 열심히 달려가야 합니다. 믿음의 선배인 바울 사도는 "나의 달려갈 길을 마치고 믿음을 지켰으니"(딤후 4:7)라고 했습니다. 인생을 열심히 살았다는 고백입니다. 바울의 삶에는 형통할 때도 있었고 실패의 순간도 있었습니다. 한때는 고향에 내려가 은둔생활을 하기도 했습니다. 그러나 거기에 머물지 않고 기운을 차리고 일어나 갈 길을 갔습니다.

우리에게는 저마다 많은 목표가 있겠지만 가장 중요한 최종 목표는 장차 죽어 하늘나라에 가서 주님께 상을 받고 주님과 함께 영원히 사는 것입니다. 저는 이 꿈을 꾸면서 하루하루를 삽니다.

그러므로 우리가 이 땅에서 무엇을 이루었거나 성공했어도 그것으로 우리 인생이 평가되지 못합니다. 열심히 공부해 좋은 대학에 들어가지만 그 자체가 인생의 목표는 아닙니다. 좋은 직장에 들어가거나 기업을 운영하는 중요한 인물이 되었다고 거기에 만족할 수 없습니다. 아무리 많은 성공과 업적을 쌓더라도 거기에 영원히 머물 수 없습니다. 우리는 언제나 주님이 원하시는 일을 열심히 해야 합니다.

그러므로 이 세상의 일시적인 성취에 도취되어 길을 가다 말고 정류장에서 오래 쉬어서는 안 됩니다. 물론 종점에 다 왔다는 생각은 더더욱 가져서는 안 됩니다. 우리는 결코 작은 만족에 머물 수 없습니다. 주변을 보면 아직도 여력이 있는데 인생을 다 산 늙은이처럼 행동하는 사람이 있습니다.

진정한 성도라면 사도 바울처럼 열심히 달려가야 합니다. 성능 좋은 KTX 열차처럼 주님의 뜻과 사명을 감당하기 위하여 무한질주를 해야 합니다. 그렇게 해야 하는 이유는 주님이 충성된 자에게 줄 상을 준비해놓으셨기 때문입니다. 게으른 자에게는 아무 분깃이 없습니다. 죽도록 충성하면 게으른 자나 조금 충성한 자와 비교할 수 없는 큰 상을 주십니다.

충성하는 데 나이는 상관이 없습니다. 10대든 50대든 상관없이 모든 시기마다 제각각 할 일이 있습니다. 60, 70대가 되어도 얼마든지 주님 나라를 위해 공헌하며 주님께 칭찬을 들을 수 있습니다.

정말이지 할 일은 많은데 우리에게 주어진 시간은 쏜살같이 지나갑니다. 그러므로 불필요한 시간을 많이 줄여야 합니다. 우리는 여가도 즐기고 휴가도 갑니다. 그럴 수 있습니다. 어떤 사람은 은퇴 후 계획이 마음껏 여행을 하는 것입니다. 물론 그렇게 할 수 있습니다. 그러나 그것이 정답은 아닙니다. 아무리 생각해도 그러기엔 인생이 너무 아깝습니다. 죽는 순간까지 주님이 기뻐하시는 일을 하고, 하늘에서 상을 받고 칭찬을 들어야겠습니다.

제가 60여 년의 인생을 살면서 깨닫는 것은 나이가 들어서 보니 할 일이 너무나 많다는 것입니다. 책도 쓰고, 성도도 돌보고, 한국교회 회복을 위해 힘쓰고, 선교지도 다니는 등 여러 일을 하면서 보니 나이는 숫자에 불과하다는 말이 실감이 납니다. 우리는 우리의 짧은 인생으로 주님 앞에 충성해야 합니다. 그리고 하늘나라에 가서 주님께 인정받는 큰 사람이 되어야 합니다. 하늘나라에서의 상급은 이 땅에서 살아있는 동안만 쌓을 수 있습니다.

신성한 성품

　성도는 거룩한 자라는 뜻으로 하나님을 아는 자 그리고 하나님을 닮은 자를 가리킵니다. 성도가 된 것은 이 세상에서 가장 큰 복을 받은 것이라고 할 수 있습니다. 하나님을 알게 되면 신기한 능력이 나타나 우리 속에서 생명이 살아나고 하나님의 성품을 닮아가게 됩니다. 그래서 마음도, 행동도 그리고 얼굴의 생김새나 인상도 거룩해지게 됩니다. 우리는 포악한 사람의 인상이나 간사한 사람의 인상 그리고 인자한 사람의 인상을 기억합니다.

　마찬가지로 그 마음에 하나님의 성품을 소유한 사람은 얼굴에도 나타납니다. 우리는 누군가의 말을 듣고 얼굴만 보아도 그가 어떤 사람인지 알 수 있습니다. 그래서 사람에게 얼굴이 있는 것입니다. 우리는 하나님의 성품을 본받아서 하나님의 자녀로 살아가기를 소원해야 합니다.

하나님의 성품을 닮으려면 우선 해결해야 할 것이 있습니다. 그것은 이 세상의 썩어질 것들을 멀리하는 것입니다. 맨 오른쪽에 하나님이 계시고 맨 왼쪽에 세상이 있다고 한다면 진정한 성도는 오른쪽인 하나님이 계신 쪽을 향해 열심히 가야 합니다. 어떤 이는 70퍼센트, 어떤 이는 80퍼센트 정도 하나님께 갈 수 있지만 그보다 더 가까이 가도록 힘써야 합니다.

과거에 광야 속으로 숨어 들어간 수도사들만큼은 못 되더라도 그런 심정을 가지고 하나님께로 나아가는 데 힘쓴다면 신성한 하나님의 성품에 참여하게 될 것입니다. 만일 중간에조차 있지 못하고 세상 쪽으로 끌려간다면 그는 상당히 위태로운 지경에 처하게 될 것입니다. 열 처녀 비유에서처럼 잔치에 참여하지 못하는 자가 될 것이 분명합니다.

하늘나라와 하나님이 계신 곳을 바라보지 못하고 세상만 바라보거나, 세상을 하나님보다 더 많이 보는 자는 하나님을 잘 보지 못하는 맹인과도 같습니다. 그들은 육의 눈을 뜨고 있으나 영적인 눈이 가리어진 영적 소경과도 같은 것입니다. 다메섹 도상에서 사울이 주님을 보고 음성도 들었는데 그 자리에 함께 있던 다른 사람들은 아무것도 보지 못하고 듣지 못한 것과 마찬가지입니다. 이것은 슬픈 일입니다.

하나님의 성품에 참여한 사람만이 진정한 하나님의 자녀입니다. 우리는 태어날 때부터 원천적으로 죄인이고 이 세상에 의인은 아무도 없습니다. 그러나 날마다 자신을 깨끗이 하면서 하나님께 나아간다면 하늘 아버지를 닮게 될 것입니다.

하늘 아버지는 거룩하십니다. 자비하시고 사랑이 많으십니다. 그러므로 성도에게 사랑이 없거나 적다면 아직 신성한 성품에 참여하지 못한 것입니다. 하나님은 능력이 많으시고 마귀가 상대도 할 수 없을 만큼 힘 있고 크신 분입니다. 우리가 영적 전투에서 승리하지 못하거나 능력이 나타나지 않는다면 아직도 하늘 아버지를 닮지 못한 것입니다.

하나님은 우리 영혼을 사랑하셔서 독생자이신 예수님을 내어 주시고 십자가에서 죽게 하셨습니다. 때문에 하나님의 진정한 성품을 닮은 자는 자신의 이익보다 주님 나라와 영혼을 먼저 생각하는 사람입니다. 이 시대에는 교인은 많지만 성도는 적고, 성도라고 해도 하나님의 성품을 닮은 자는 그보다 더 적습니다. 우리 모두 세상을 멀리하고 하나님께 더 가까이 나아가 그분의 성품에 참여하게 되기를 간절히 소원합니다.

이 땅에서 누리는 천국생활

올 한 해를 돌아보며 어떤 모습으로 주님을 섬기고 살았는지 생각해보게 됩니다. 주님을 믿는 성도가 궁극적으로 쟁취해야 할 것은 구원입니다. 예수님을 믿어 그분의 자녀가 되고 죽어서 천국에 가는 것 외에 이 세상에서 더 소중하고 의미 있는 것은 없습니다. 그러므로 구원받은 주님의 자녀가 되기를 간절히 바랍니다.

사도 바울은 사람이 사는 것이 이 세상뿐이고 부활이 없다면 성도야말로 가장 불쌍한 자라고 했습니다. 그러나 천국이 있기 때문에 성도는 가장 큰 축복을 받은 존귀한 자라고 할 수 있습니다. 저는 어려서부터 지금까지 천국을 사모하고 살아온 제 삶에 대해 만족감과 긍지를 갖고 있습니다. 제가 장차 죽었을 때 주님이 저를 영접해주실 것을 생각하면 가슴이 벅차오르고 눈물이 납니다.

우리는 죽어서 주님을 만나지만 사실 이 세상에서 사는 동안에도 주님을 만나고 사귀며 교통하고 살 수도 있습니다. 성경에는 그렇게 살았던 사람들이 나옵니다. 교회 역사를 보아도 주님과 깊은 사귐을 가진 사람들이 있습니다. 그들은 어떻게 그런 축복된 삶을 살 수 있었을까 연구해보니 공통점을 발견했습니다.

먼저 그들은 성결한 삶을 살았습니다. 날마다 회개하면서 자신을 성찰했습니다. 그리고 정말 주님을 사랑했습니다. 그들이 모두 성직자였던 것도 아니었습니다. 부하거나 가난하거나 차등이 없었습니다. 삶의 환경과 조건, 성별 그리고 어느 나라에서 태어나고 자랐는지도 차이가 없었습니다. 단지 세상을 멀리하고 하늘나라를 사모하며 주님을 사모할 때 주님이 나타나주셨던 것입니다.

이 세상에 사는 대부분 사람은 우리가 주님을 만난다고 하면 믿지 않습니다. 성도들 가운데도 주님과 교통하며 산다고 하면 믿는 사람도 있지만, 의심의 눈초리를 보내는 사람도 있습니다. 하지만 노아가 하나님의 말씀을 듣고 방주를 준비하면서 하나님의 심판을 예비했듯이, 사도 바울이 로마로 갈 때 주님이 나타나셔서 힘과 용기를 주셨듯이 오늘날에도 주님과 깊은 사귐을 가질 수 있습니다. 그러나 어느 시대에도 이런 사람은 존경받는 소수였습니다. 주님은 누구에게나 찾아오시는 것이 아니었습니다.

저는 우리나라 모든 성도가 하늘나라를 사모하면 좋겠습니다. 또한 이 땅에서 사는 동안에도 주님과 교제하며 천국생활을 누렸으면 좋겠습니다. 살아계신 주님과 깊은 교제를 나눈다면 이 땅에서 어떤 어려움과 시련이 있어도 훌륭히 극복할 수 있습니다. 그리고 명예와 권력과 재물을 얻지 못해도, 혹시 가지고 있다가 빼앗긴다고 해도 낙망하지 않고 주님 때문에 행복해할 수 있습니다. 그리고 주님 나라를 위해 인생을 헌신할 수도 있으며, 극한 상황에서 순교의 길로도 갈 수 있습니다.

한 해가 속히 지나가듯이 우리 인생도 속히 지나갑니다. 살아있는 동안 주님과 깊이 사귀는 소망을 가집시다. 주님을 사랑하지도 않으면서 저 천국을 소망할 수는 없습니다. 이 땅에서 주님을 사랑한 자가 결국 천국을 소유합니다.

오늘이 우리 인생의
마지막 날이다

오늘은 올 해 맞이하는 마지막 화요일입니다. 마지막이란 마무리를 짓는다는 것이고 끝이라는 의미기 때문에 사실 우리를 긴장시키는 말입니다. 한 해의 마지막 주간을 맞으니 지나온 한 해를 자연스럽게 돌아보게 됩니다. 지난 일 년 열두 달 365일을 지나오면서, 과연 주님의 자녀로서 나는 주님과 얼마나 동행하는 삶을 살았는지 생각하게 됩니다. 주님이 내게 베풀어주신 축복과 은혜는 무엇이었는지, 주님이 내게 베풀어주신 은총에 대해 나는 진정으로 감사의 제사를 드렸는지 살펴보지 않을 수 없습니다. 또한 나는 주님 앞에 순종하지 못하고 오히려 죄악 가운데 서지 않았는지를 점검하게 됩니다.

이렇게 하는 이유는 한 해 한 해 살아온 삶이 그리스도 안에서 열매로 나타나기 때문입니다. 좋은 열매를 맺는다면 주님이 칭찬하시겠지만, 열매 없는 삶을 살았거나 도리어 열매를 손상시키는 삶을 살았다면 큰 문제가 되기 때문입니다. 한 해의 삶을 제대로 평가하고 뒤돌아보지 않는다면 다가오는 한 해를 제대로 준비하지 못하는 위험한 일이 발생할 수도 있습니다. 그래서 한 해의 마지막 주간은 주님 앞에서 자기 자신을 솔직하게 드러내 놓고 판단을 받아야 합니다.

두려운 것은 언젠가 우리 생명이 끝나고 인생의 마지막 날이 왔을 때 그때도 주님 앞에서 판단을 받는다는 것입니다. 살아있을 때에는 일 년, 혹은 하루의 삶에 대해 판단을 받지만, 인생 최후의 날에는 우리 삶 전체에 대한 평가를 주님이 하신다는 것입니다. 그때 주님은 우리 삶에 대해 점수를 매기실 것입니다. 그리고 우리에게 그동안의 성적표와 생활기록부를 보여주실 것입니다. 그때는 우리에게 더 나은 성적을 받기 위해 더 이상 수고할 기회가 없습니다. 그리고 잘못을 회개하고 만회할 시간이 없습니다. 그때 받는 성적표는 우리가 천국생활을 어떻게 해나갈지를 결정짓는 아주 중대한 의미가 담겨 있습니다. 그리고 그 성적표는 어느 누구도 변경할 수 없는 영원히 확정된 것입니다.

저는 어려서부터 하나님을 잘 믿고 싶었습니다. 그래서 성경 말씀대로 살려고 애를 썼습니다. 주님 나라를 위해 충성하고, 죄를 짓지 말라는 말씀대로 힘써 지키려고 했습니다. 저의 점수를 나름대로 생각해보기도 했습니다. 그러나 그것은 제 생각일 뿐 주님이 주시는 점수는 제 생각과 다를 수 있습니다. 사람들은 대개 자기 자신에 대해서는 호의적입니다. 남에 대해서는 인색하지만 자신에 대해서는 후한 점수를 줍니다. 저는 성도들 대부분이 자신의 신앙생활 성적에 대해 상당히 긍정적 평가를 하고 있다는 것을 알게 되었습니다.

제가 성경을 보면서 그리고 기도 생활을 하면서 깨닫는 것이 있습니다. 제가 만난 성도 대부분은 자신이 생각하는 것보다 주님이 주시는 점수가 훨씬 낮다는 것입니다. 크게 실망할 사람도 있을 것입니다. 그러나 그것이 사실입니다.

우리는 날마다 그 날을 마지막 날이라고 생각하며 살아야 합니다. 그리고 주님의 심판이 있다는 것을 늘 기억하고 긴장하면서 살아야 합니다. 그래야 주님 말씀대로 살 수 있습니다. 한 해의 마지막 주간에 다시 한 번 우리 인생의 마지막을 생각해봅시다.